W9-BEO-582

CONTROLANDO SUS EMOCIONES

Joyce Meyer

Controlando sus emociones por Joyce Meyer
Publicado por Casa Creación
Una compañía de Strang Communications
600 Rinehart Road
Lake Mary, Florida 32746
www.casacreacion.com

A menos que se indique lo contrario, todos
los textos bíblicos han sido tomados de la
Versión Reina-Valera de 1960.

Originalmente publicado en inglés por Harrison House,
Tulsa, Oklahoma,EE.UU. Bajo el título "Managing Your
Emotions". Copyright © 1997 por Joyce Meyer
Life In The Word, Inc.
Fenton, Missouri

Traducido por María Cecilia Marty
Disponible en otros idiomas a través de Access Sales
International (ASI)
P.O. Box 700143
Tulsa, Oklahoma 74170-0143, EE.UU.
FAX 918-496-2822

ISBN: 0-88419-808-1

5 6 7 8 9 10 VP 14 13 12 11 10

Impreso en los Estados Unidos de Norteamérica

Índice

❧

Introducción

Muchos de los pensamientos contenidos en este libro fueron presentados originalmente en series de seminarios que enseñé acerca de las emociones, la salud emocional y la sanidad. Durante esas reuniones le aclaré bien al público que el propósito de la presentación no era la de enseñarles cómo deshacerse de las emociones, sino cómo ejercer dominio sobre ellas.

Al igual que les mencioné a ellos, nadie jamás llegará al punto de no tener emoción alguna. Nadie logrará jamás llegar a un punto en su vida en que no experimente gran variedad de emociones.

Por ejemplo, no importa cuánto usted y yo lo intentemos, siempre tendremos que enfrentarnos a la emoción del enojo, que en muchas personas causa sentimientos de culpa y condenación debido a que creen, erradamente, que como cristianos nunca nos debemos enojar.

Sin embargo, la Biblia no enseña que nunca debemos sentirnos enojados. Por el contrario, dice que cuando nos enojemos, no debemos pecar, sino que tenemos que dominar o controlar nuestro enojo de la manera adecuada: "Airaos, pero no pequéis; no se ponga el sol sobre vuestro enojo...", Efesios 4:26.

En un momento dado Dios me dio una verdadera revelación acerca de ese pasaje bíblico. Un día me había enojado con mi esposo cuando estaba a punto de salir de casa para ir a predicar. Me sobrecogieron sentimientos de culpa y condenación que me hacían preguntarme: "Pero, ¿cómo puede ser que salga a predicarle a los demás después de haberme enojado de tal manera?"

Claro está, aún seguía enojada, así que me molestaba la pregunta. Conforme comencé a meditar al respecto, el Señor me dio una revelación sobre este versículo en Efesios donde dice: "Airaos, pero no pequéis".

Dios me dio a entender que el enojo es tan solo una emoción. Al igual que todas las emociones, Dios mismo sabe porqué nos lo ha dado. Si fuéramos incapaces de sentirnos airados o enojados, nunca nos daríamos cuenta cuando alguien nos maltrata. Esa es la razón de existir del enojo. Similar a la función que cumple el dolor, el enojo existe para alertarnos de que algo anda mal.

Igual que con las demás emociones, el problema estriba en que Satanás intenta utilizar y servirse de nuestro enojo para hacernos caer en pecado.

Con frecuencia las personas me buscan para que les dé asesoramiento, diciendo: "Tengo este enojo profundo". A menudo este tipo de enojo es una herida de nuestra niñez que quedó mal cicatrizada. En tal caso, lo que hay que hacer no necesariamente es deshacerse del enojo, sino llegar a la raíz de lo que hace que salga a la superficie y continúe causando problemas a pesar del paso de los años.

Ello forma parte del equilibrio a mantener. No es correcto andar por ahí sintiéndose enojado todo el tiempo. Mas debemos recordar que somos seres humanos y venimos dotados de ciertos sentimientos y emociones, tal como el enojo, que Dios nos ha dado con un motivo especial. Nuestro deber no es tanto el de intentar deshacerse de dichas emociones, sino el de aprender cómo dominarlas.

Otro ejemplo de las emociones que sentimos es la atracción sexual. Imagínese por un momento que está hojeando una revista o un catálogo y ve una foto de una persona atractiva del sexo opuesto. De repente siente una atracción sexual. ¿Querrá esto decir que usted es un pervertido sexual y que algo anda bien mal en usted? ¿Querrá decir que usted no es realmente salvo, que no ama verdaderamente a Dios ni a su cónyuge?

No, sencillamente quiere decir que es un ser humano y está sujeto a las mismas emociones y reacciones que sienten otros seres humanos. Lo importante es cómo usted les hace frente a las emociones.

Dios nos dota de todo tipo de sentimiento, inclusive el sexual. Los cristianos no debemos deshacernos de esos sentimientos, ni tenemos la necesidad de sentirnos culpables por tener esos sentimientos, sino que más bien, tenemos que aprender a ventilarlos y expresarlos como corresponde, con la persona adecuada y de la manera adecuada: con el cónyuge que Dios nos ha dado (y a quien amamos). Con la ayuda de Dios debemos aprender además cómo mantener esos sentimientos bajo control hasta que nos casemos.

Romanos 6:2 nos dice que si somos cristianos hemos muerto al pecado, mas ¡no dice que el pecado esté muerto! Aún hoy el pecado se presenta primero en forma de tentación, y entonces, si cedemos a ella, se torna en un verdadero problema. Le recomiendo leer en su totalidad el sexto capítulo de la Epístola a los Romanos. Si lo hace, se dará cuenta de que lo que se nos manda a hacer es resistir el pecado por medio del poder del Espíritu Santo. No nos dice que nunca *sentiremos* algo, sino que no debemos seguir ofreciendo nuestros cuerpos como instrumentos del pecado.

Resulta importante recordar que las emociones no desaparecerán para no volver jamás. Siempre existirán. No debemos negar su existencia ni sentirnos culpables por ellas, sino que debemos canalizarlas en la dirección correcta. Tenemos que negarle a la carne el derecho a dominarnos, pero no debemos negar su existencia.

Como veremos más adelante, la Biblia nos enseña que debemos ser bien equilibrados. A menudo nuestro problema estriba en que tenemos la tendencia de irnos de un extremo al otro. O intentamos no sentir emoción alguna, o damos rienda suelta a toda emoción que sintamos, sea correcto o no hacerlo. Parece que la mayoría de las personas o son muy emocionales o carecen de emoción alguna. Lo que realmente se necesita es un equilibrio, la habilidad de demostrar las emociones cuando éstas son positivas y de ayuda, y también dominarlas cuando son negativas y destruyen.

Cuando hay algo en nuestra vida que hace que nos sintamos enojados y frustrados, a menudo descargamos estas emociones en los demás, por lo general nuestro cónyuge, nuestros hijos o con alguna otra persona con la cual tengamos una relación personal íntima. El problema no es tanto nuestros sentimientos de enojo y frustración, sino el que no podamos dominarlos.

Ejemplo adicional sería la paciencia, o la falta de la misma. Mi personalidad es tal que tengo la tendencia a ser en extremo impaciente. Quiero que las cosas se hagan, se hagan bien y se hagan ya. No quiero tener que repetir las instrucciones una segunda vez, ¡menos aún una tercera!

Sin embargo, mientras más leo acerca de Jesús y su mansedumbre, su humildad, su gentileza y su paciencia, mayor es mi anhelo por no dejarme dominar por mi impaciencia. Es por ello que llevo bastante tiempo cooperando con el Espíritu Santo para que ese sentimiento o emoción llegue a un equilibrio justo.

Lo más importante es comprender qué son las emociones y reconocer que las tenemos porque es Dios quien nos las ha dado. Entonces debemos empezar a encararnos a ellas en vez de solo ventilarlas y como resultado tener sentimientos de culpabilidad y condenación.

Servimos a un Dios que se place con el más mínimo paso que nosotros, los que creemos en Jesucristo, demos para acercarnos a Él. No es difícil complacer a Dios. Él no espera que nosotros seamos completamente perfectos, sólo que sigamos acercándonos a Él y creyendo en Él, permitiéndole obrar en nosotros hasta que nos pueda conformar a Su voluntad y en Sus caminos.

El mensaje de estas páginas es sencillo: Las emociones no tienen nada de malo, siempre y cuando estén bajo control. El Señor me guió a escribir este libro para que usted aprenda a cómo *controlar sus emociones*.

1

Cómo evitar dejarse llevar por los sentimientos

La palabra "emociones" goza de varios significados. Según el *Diccionario de la Real Academia Española* (DRAE), su raíz viene del latín *emotio* y *emotionis*, que significa "estado de ánimo producido por impresiones y los sentidos, ideas o recuerdos que con frecuencia se traduce en gestos, actitudes u otras formas de expresión". También del latín *ex-movere*, que significa alejarse.

Me resulta muy interesante esa definición debido a que justamente eso es lo que las emociones carnales sin crucificar intentan lograr, hacer que las sigamos a ellas y así alejarnos de o salirnos de la voluntad de Dios.

De hecho, ese es el plan de Satanás para nuestras vidas, el de hacer que vivamos en base a nuestros sentimientos carnales para que nunca caminemos en el Espíritu.

El DRAE también indica que las *emociones* son un "estado de ánimo caracterizado por una conmoción orgánica consiguiente a impresiones de los sentidos, ideas o recuerdos". Es cierto, debido a que son muy complicadas, que no es fácil expresarlas, lo que a veces hace que enfrentarnos a ellas nos resulte difícil.

Por ejemplo, hay ocasiones en que el Espíritu Santo nos

está guiando a hacer algo, y nuestras emociones toman parte de ello, así que nos emocionamos mucho por lo que vamos a hacer. El apoyo emocional nos ayuda a sentir que Dios realmente desea que logremos ese algo. Percibimos que el apoyo emocional se constituye en una confirmación de la voluntad divina.

En otras ocasiones, puede que el Espíritu Santo nos guíe a tomar una acción específica, pero nuestras emociones no quieren enredarse en lo que Dios nos está revelando y pidiendo que hagamos, o sea, no nos apoyan para nada.

Es en esos momentos que se nos hace más difícil obedecer a Dios. Dependemos sobremanera en el apoyo emocional. Si no comprendemos cuán voluble e inconstante es la naturaleza de las emociones, Satanás puede servirse de ellas, o de su carencia, para mantenernos fuera de la voluntad de Dios. Creo firmemente que nadie jamás caminará dentro de la voluntad de Dios, y por consiguiente, en victoria, si se deja dominar por sus emociones.

¿Las emociones o Dios?

Oirá el sabio, y aumentará el saber,
Y el entendido adquirirá consejo.
—Proverbios 1:5

Debido a que hay momentos en que se nos permite disfrutar de las emociones y del apoyo que nos brindan, y, a la vez, hay momentos en que las emociones nos traicionan, resulta difícil enseñarles a las personas a diferenciar cuándo están escuchando a Dios y cuándo a sus emociones.

El simple hecho de que se nos ocurra sentir que debemos darle algo a alguien no necesariamente significa que ese sentir sea la voluntad de Dios. A mí me encanta regalarles cosas a los demás, en realidad, es uno de los mayores gozos de mi vida. Sin embargo he tenido que aprender que regalarles cosas a las personas no siempre les ayuda, de hecho, puede hacerles mal al coartar lo que Dios está intentando obrar en sus vidas.

Por ejemplo, si esas personas no están cuidando lo que tienen, o sea, no están cumpliendo con la parte que les corresponde, es posible que Dios permita que sigan pasando necesidad hasta que aprendan a cuidar lo que tienen. Mas la persona que obra en base a las emociones ve una necesidad y toma medidas para suplirla, sin buscar primero la sabiduría.

La Biblia nos enseña en el primer capítulo de Proverbios que nuestras acciones deben nacer de una sabiduría fundamentada en la reflexión. Si no nos regimos por este consejo bíblico, podemos impedir el desarrollo de una persona y no aprenderá a aceptar responsabilidad personal.

Es necesario también considerar la situación inversa. Quizás haya una persona que haya alcanzado la madurez en el Señor y le falte mucho por aprender. Tiene una necesidad, y ésta puede ser el resultado de no saber qué hacer. Es posible que Dios nos guíe a ayudar a una persona que se encuentra en este predicamento porque todos necesitamos que nos alienten mientras estamos creciendo en el Señor.

En la vida todos nos metemos en predicamentos debido a que no conocemos los caminos de Dios. Aún cuando comenzamos a conocerlos, aún toma tiempo para que todas las situaciones negativas en nuestra vida se tornen positivas. Podemos ser de gran ayuda los unos a los otros si nos mantenemos sensibles a la guía del Espíritu Santo en cómo prestar ayuda. El mero hecho de que algo nos toque emocionalmente no significa que el Espíritu Santo nos esté guiando. *¡Siempre se deben medir las emociones a la luz de la sabiduría!* Si la sabiduría está de acuerdo, entonces podemos proceder con nuestro plan.

He aquí un ejemplo: Todos amamos a nuestros hijos y sabemos cuán difícil es ver que carecen de aquello que quieren y que necesitan. Si tenemos los medios disponibles para proporcionarles esas cosas, la mayoría de nosotros quiere rescatarlos de cualquier situación difícil en la que se encuentren. Quizás la mayoría del tiempo esta sea la mejor opción. Es bueno ayudar a nuestros hijos y dejarles saber que los apoyaremos cada vez que nos necesiten. Sin embargo, rescatarlos de cada dificultad puede impedir que maduren. Luchar forma parte integral del proceso por el cual todos debemos pasar para madurar.

Hace un tiempo atrás, mientras investigaba un material para un seminario que iba a enseñar, leí que el aguilucho, cuando se encuentra aún en el huevo, desarrolla un pequeño y muy afilado diente en el extremo del pico. Se sirve de ese diente para pegarle al cascarón una y otra vez hasta que al final lo agrieta. Este proceso toma mucho tiempo y exige de mucha tenacidad. A veces las personas, pensando que hacen un bien, intentan ayudar al aguilucho y le rompen el cascarón. Lo que ocurre entonces es que, a menudo, el aguilucho muere.

Al igual que los aguiluchos, los jóvenes necesitan pasar por la experiencia de la lucha, pues es la que los prepara para la vida. Deberíamos ayudar a nuestros hijos, pero no al punto tal que lo que hacemos es obstaculizar el proceso de maduración.

La persona que se deja llevar por las emociones

Una persona que se deja llevar por las emociones es alguien que se ve fácilmente afectado o tocado por las emociones. Es bueno que aprendamos a conocernos a nosotros mismos y a nuestra personalidad. Algunos se dejan llevar más por las emociones que otros, y estar consciente de ello puede evitar muchos dolores de cabeza y sufrimientos.

Aun si no caemos dentro de la categoría de ser una persona "emocional", cada uno de nosotros siente emociones y corre el peligro de dejarse arrastrar por ellas. Quizás una mañana uno se despierta sintiéndose deprimido y sigue asi el día entero.

Al día siguiente quizás uno se levanta enojado, teniendo ganas de desquitarse con alguien, y a la larga, es eso justamente lo que hacemos. En otras ocasiones a lo mejor uno se levanta sintiendo lástima por sí mismo y va y se sienta en un rincón y llora todo el santo día.

Si les damos rienda suelta, *los sentimientos* crearán problemas que harán que nos desviemos de la voluntad de Dios y caigamos en la voluntad del engañador, Satanás.

Por muchos años de mi vida me la pasé dejándome llevar por los sentimientos. Si me levantaba deprimida, me la pasaba deprimida todo el día. No sabía en aquel entonces que podía *resistir* estas emociones. Ahora me doy cuenta que puedo ponerme el manto de alegría, como enseña la Biblia en Isaías 61:3. Puedo cantar o escuchar música cristiana, y al hacerlo, pelear contra el sentimiento negativo que desea controlarme el día entero.

Hay que aprender a estar consciente de las emociones que uno siente y saber cómo dominarlas como es debido. Una manera de hacerlo es reconociendo los distintos tipos de personalidades y cómo reaccionan de maneras diferentes ante situaciones similares.

Cuatro personalidades básicas

Al igual que con frecuencia se dice que algunas personalidades son más emocionales que otras, se piensa que las mujeres tienen una mayor tendencia hacia ser emocionables que los varones. Según una enseñanza que data de la antigüedad, existen cuatro personalidades que han sido categorizadas de la siguiente manera.

La primera categoría es la *colérica*, que da la casualidad que es la mía. Los que tienen la personalidad colérica nacen siendo líderes. Tienen una personalidad fuerte que siempre quiere llevar el control. Uno de los puntos fuertes de los coléricos es que por lo general logran cumplir muchos objetivos. Uno de los puntos débiles es que tienen la tendencia a ser mandones.

Por lo general los coléricos se fijan metas para cumplir y son motivados por nuevas ideas y por desafíos. Cuando el

Señor me da un proyecto, me emociono mucho y corro a contarle a Dave, mi marido, quien tiene una personalidad completamente diferente a la mía.

Dave cae dentro de la categoría de los *flemáticos*. Comúnmente demuestran muy poca emoción, si es que muestran alguna. Lo que resulta interesante es que por lo general un colérico se casa con un flemático.

En nuestra vida matrimonial nos solía enloquecer esta diferencia de personalidades, hasta que pudimos ver el plan en Dios en ella. Los puntos fuertes de Dave son mis puntos débiles, y vice versa. Ahora creo que Dios une a tipos opuestos para que nos complementemos los unos a los otros. Pero a Dave y a mí nos llevó un buen tiempo aprender a aceptar y a manejar nuestras diferencias de una manera compatible.

Por ejemplo, yo corría donde Dave toda emocionada acerca de algo, y su reacción era, "Veremos". En esos momentos lo único que quería hacer era pegarle, hasta que aprendí a comprenderlo. Yo estaba dejándome llevar por las emociones, y él, por la lógica. Yo estaba mirando el lado entusiasmante y él la responsabilidad del asunto. Antes solía gritarle: "¿Será posible que jamás sientas ni un ápice de emoción?"

Asistíamos a iglesias dinámicas y yo salía del culto exclamando: —¡Qué tremendo! ¿Sentiste que fuerte era la presencia de Dios en ese lugar?

Dave contestaba: —No, no sentí nada de nada.

Él sabía que Dios estaba presente, pero no basaba la presencia de Dios en sus sentimientos. Durante mucho tiempo pensé que el hombre estaba emocionalmente muerto.

Ambos hemos cambiado luego de años en que el Señor ha tratado con nosotros, y ahora somos mucho más equilibrados. Yo ya no me dejo llevar tanto por las emociones y él se muestra más emotivo cuando yo estoy genuinamente entusiasmada sobre algo.

Algo que deberían recordar los flemáticos es que necesitan ejercitar su fe y hacer un esfuerzo por demostrar un poco de emoción. Puede resultar soso e insípido vivir con alguien que es muy blanducho para todo.

Si usted es una persona muy tranquila, necesita desafiarse a sí mismo en consideración de los demás con quienes se trata. Operamos en amor cuando nos sacrificamos a nosotros mismos y hacemos lo que los demás necesitan que hagamos por ellos.

Por otro lado, si usted se parece más a mí y tiene la tendencia a entusiasmarse en demasía acerca de las cosas nuevas en las que está participando, es posible que tenga que aprender a calmar un poco las emociones y tornarse en una persona más equilibrada. Recuerde que a una persona más seria y sobria se le hace más difícil relacionarse con usted debido a que realmente no siente lo que usted siente. La respuesta, claro está, como discutiremos más adelante, es lograr el equilibrio.

La tercera categoría es la personalidad denominada *optimista*. Esta es la más emocionable de todas. El optimista es extrovertido, jovial e irrumpe alegremente por la vida. Es fácil darse cuenta cuando un optimista entra a un lugar, su voz se escucha por encima de las demás: —¡Ay, qué emoción estar aquí!

El optimista tiene la tendencia de hacerle perder la paciencia al colérico, ¡y a mí en particular! Yo soy seria y soy de los que se fijan un objetivo, siempre tienen un plan y voy en pos de cumplirlo. A menudo me molesto cuando un optimista irrumpe alegre y despreocupadamente donde estoy yo. Pero el optimista ni se da cuenta de ello. Debido a que se desborda en diversión y energía, ni si siquiera se entera de nada que no sea pasarla bien.

Los optimistas a menudo se casan con los que caen en la cuarta categoría, la personalidad *melancólica*. Como se imagina, el melancólico es el que más batalla la depresión. Es en extremo reservado, serio e intenso. Es pensador y riguroso. Es organizado a tal extremo que alfabetiza las latas de comida. Ata los cabetes y los coloca dentro de los zapatos antes de guardarlos cuidadosamente en el armario. Creen que todo tiene su lugar.

Los optimistas no son muy disciplinados que se diga, y, claro está, para los melancólicos esto es un suplicio. El melancólico es una persona sumamente pulcra y esmerada. Siempre tiene un plan, pero por lo general se casa con un optimista a quien no le importa un bledo si siquiera existe un plan o no. Aún si tuviera un plan, el optimista lo olvida a los cinco minutos de formularlo. Es de ésos que estaciona el auto ¡y luego no tiene la menor idea de dónde lo dejó!

¿Piensa usted que un optimista se preocuparía al respecto? Una señora que conozco ni se inmutaba. ¡Pensaba que era de lo más chistoso! Ahora tiene algo nuevo que contar cuando irrumpa alegre y despreocupadamente en el próximo evento social al cual asista.

Como verá, cómo reaccionamos usted y yo ante las emociones depende hasta cierto punto de la categoría en la cual caemos: colérica, flemática, optimista o melancólica. La mayoría de nosotros es una combinación de dos o más personalidades.

Realmente sirve de ayuda conocerse a sí mismo. Recuerde siempre que podemos aprender a dominar nuestras debilidades por medio del poder del Espíritu Santo y, al hacerlo, nos convertimos en individuos equilibrados que no pueden ser dominados por Satanás.

Emoción

Según el DRAE, el término emoción significa: "estado de ánimo producido por impresiones de los sentidos, ideas o recuerdos que con frecuencia se traduce en gestos, actitudes u otras formas de expresión". Emocionable significa: "emotivo, muy sensible a las emociones".

La persona emocionable es alguien cuya conducta se rige por las emociones, en vez de por la razón.

A los que asisten al seminario que dicto acerca de este tema siempre les asigno la tarea de leer el libro de Proverbios buscando todos los versículos que comparan los sentimientos o las emociones con la sabiduría.

Al llevarlo a cabo, por lo general aprenden que una de las diferencias entre la sabiduría y la emoción es el tiempo o el momento en que se expresa.

La sabiduría siempre espera actuar hasta el momento adecuado, mientras que la emoción siempre quiere actuar ¡ahora mismo! Dejarse llevar por las emociones es imprudente, clama por una acción inmediata. Por el contrario, la sabiduría tranquilamente piensa en cómo una decisión afectará el futuro. Las emociones sólo se preocupan por el momento, por el hoy.

¿Cuántas veces ha dicho o hecho algo arrastrado por las emociones, para luego sentir un profundo arrepentimiento por haber actuado tan locamente?

—¡Ay, si tan solo me hubiera callado la boca!

Es increíble el daño tan grave que puede ocasionar en una relación un sólo arranque emocional, una sola explosión de ira.

Una vez, cuando intentaba aprender a controlar la lengua y a no contestarle mal a mi marido, me agarré un berrinche tal que el Señor tuvo que decirme: —Joyce, ¡basta! ¡Ni una sola palabra más!—. Salí como un rayo de la habitación, corrí por el pasillo, y me encerré en el baño. Estaba tan molesta que ¡me tapé la cara con una toalla y grité hasta más no poder! Hay veces en que las ataduras en nuestra carne están tan enraizadas, que hace falta una determinación de hierro para extirparlas. Es por eso que tenemos que aprender a batallar contra las emociones descontroladas para traerlas bajo el control y en sumisión a la voluntad de Dios.

Cómo batallar contra las emociones

No desecho la gracia de Dios; pues si por la ley fuese la justicia, entonces por demás murió Cristo.
—Gálatas 2:21

Al principio no le resultará fácil controlar sus emociones.

Nunca lo es. Cuando usted y yo intentamos romper un mal hábito, siempre tendremos una lucha entre manos. Es necesario que batallemos en nuestro interior, clamando a Dios: "¡Ayúdame Señor, socórreme!" Qué maravilloso es saber que el Espíritu Santo siempre está con nosotros para ayudarnos.

Si usted se ha dejado dominar por un mal hábito, como comer por razones emocionales, cuando se siente a comer diga en su interior, "Espíritu Santo, ayúdame a no comer de más". En un restaurante donde todos en la mesa están ordenando postre, y usted se siente flaquear, puede clamar en su interior, "¡Espíritu Santo, ayúdame!".

Me he dado cuenta que si dependo de mi carne solamente, sirviéndome únicamente de la voluntad propia y la determinación, que fracaso cada vez. Mas si tomo la decisión firme de resistir a la tentación clamando el poder del Espíritu Santo, encuentro la fortaleza que necesito.

He descubierto que el Señor no lo hace todo por uno en esta vida. No basta sólo buscar a alguien que nos imponga manos y ore para que seamos libres de todas nuestras ataduras. Nuestra mente y nuestra voluntad tienen un papel que jugar. Para el éxito hace falta una combinación de fe impulsada por la acción.

En Proverbios 4:7 el autor nos dice: "Sabiduría ante todo; adquiere sabiduría; Y sobre todas tus posesiones adquiere inteligencia". En otras palabras, tenemos que poder ver más allá de las mentiras que Satanás nos pone en la mente y los sentimientos que hace que surjan en nuestro interior. Es necesario fijar los ojos en la Palabra de Dios y actuar sobre lo que dice, no sobre lo que el enemigo hace que sintamos que queremos hacer.

Si usted desea ser alguien que está comprometido de veras con la Palabra de Dios, tendrá que aprender a dejarse llevar por el Espíritu Santo, y no por las emociones.

Cada vez que surge en mí una emoción o un sentimiento, lo pongo a prueba para ver si concuerda con la Palabra de Dios. Si no concuerda, el Espíritu Santo me lo revela y lo resisto.

Esta es la forma en la cual batallamos en contra de nuestras emociones, haciendo uso de la voluntad para tomar la decisión de seguir la Palabra de Dios y no a nuestros sentimientos.

Carente de emociones

Alguien que carece de emociones es alguien a quien le es imposible demostrar sus emociones; alguien que siente poca o ninguna emoción.

Si una persona ha sido maltratada en el pasado, a menudo desarrolla una dureza interna, una muralla protectora. Puede que tenga los mismos sentimientos que los demás, pero les resulta imposible expresarlos. A veces las heridas son tan profundas que se tornan insensibles por completo, no son capaces de sentir nada. En ambos casos, es necesaria una sanidad genuina.

Emociones inflexibles o desenfrenadas

Esto, pues, digo y requiero en el Señor: que ya no andéis como los otros gentiles, que andan en la vanidad de su mente, teniendo el entendimiento entenebrecido, ajenos de la vida de Dios por la ignorancia que en ellos hay, por la dureza de su corazón; los cuales, después que perdieron toda sensibilidad, se entregaron a la lascivia para cometer con avidez toda clase de impureza.

—Efesios 4:17–19

El Señor atrajo mi atención a este pasaje acerca de los inconversos y me mostró dos cosas al respecto. En primer lugar, dice que los inconversos son duros de corazón e insensibles, mas en el mismo versículo dice que viven en o dejan llevar sus sentimientos por la lascivia y la impureza de la carne.

Al meditar en este pasaje, el Señor me mostró que esas

personas son incapaces de hacer con sus sentimientos lo que deberían o correspondería hacer con ellos.

Dios nos ha dado los sentimientos para que cumplan un propósito específico y para que nos sirvamos de ellos en nuestra relación con Él. Estas personas se han endurecido a tal extremo, que les es imposible utilizar los sentimientos para lo que fueron creados. Satanás los ha desviado de manera que viven vidas desenfrenadas, rigiéndose por lo que les viene en gana hacer.

¿Cuál es la filosofía que sigue el mundo en la actualidad? "Si te hace sentir bien, ¡hazlo!". Es menester que ni usted ni yo vivamos ese estilo de vida.

Jesús y las emociones

Porque no tenemos un sumo sacerdote que no pueda compadecerse de nuestras debilidades, sino uno que fue tentado en todo según nuestra semejanza, pero sin pecado.

—Hebreos 4:15

Según éste versículo, Jesús vivió y sufrió cada emoción y sentimiento, al igual que nosotros, mas sin embargo, lo hizo sin pecar. ¿Cómo es que evitó pecar? Porque no cedió ante los sentimientos mal ubicados. Tenía conocimiento de lo que dice la Palabra de Dios respecto a enfrentar cada aspecto de la vida porque se pasó años estudiándola antes de comenzar su ministerio.

En Lucas 2:40 la Biblia dice que cuando era niño, Jesús "...crecía y se fortalecía, y se llenaba de sabiduría..." de manera que a los doce años pensó que ya tenía la edad suficiente como para ir al templo en Jerusalén y "andar en los negocios de mi [su] Padre" (Lucas 2:41-52). Mas le faltaban aún varios años de aprendizaje antes de entrar al ministerio tiempo completo.

Usted y yo jamás podremos decir que no a nuestros sentimientos si no llevamos en nuestro interior un conocimiento profundo de la Palabra de Dios. Jesús tenía los mismos sentimientos que nosotros, más nunca pecó porque nunca cedió ante ellos.

Si alguien me hiere y me siento mal o enojada, mi mayor consuelo está en levantar mi rostro, mis manos y mi voz al cielo y decirle al Señor, "Jesús, qué alegría me da el que Tú comprendas lo que estoy sintiendo en este preciso instante y que no me condenas por sentirme de esta manera. Señor, no quiero dar rienda suelta a mis emociones, ayúdame a sobreponerme a ellas y a perdonar a los que me han hecho daño; a no despreciarlos, evitarlos ni vengarme por el mal que me han hecho. Ayúdame a no vivir con sentimientos de culpa y condenación que me hacen pensar que no debería sentirme como me siento".

No se trata tan sólo de pensar: "No me debería sentir así". Es cuestión de clamar a Dios y actuar según el fruto del Espíritu Santo que se llama templanza, que quiere decir, dominio propio (Gálatas 5:23).

No es necesario que usted y yo tengamos sentimientos de culpa ni nos sintamos condenados debido a que tenemos malos sentimientos. Jesús nos comprende. Su mayor preocupación es que maduremos hasta ser como Él: humilde, apacible, manso y tierno. Anhela que crezcamos en compasión, entendimiento y dulzura de corazón.

En mi niñez tuve heridas muy profundas, y como resultado desarrollé una dureza interior y unos muros protectores formidables, como los que mencioné anteriormente. Mi interior se tornó áspero e insensible. Mas aprendí, y aún sigo aprendiendo, que toda personalidad, no importan las heridas pasadas o presentes, puede proyectarse con ternura, dulzura y suavidad.

A pesar de lo que hayamos vivido en el pasado, o lo que sintamos en la actualidad, es necesario que seamos compasivos con los demás. Debemos gozarnos con los que se gozan y llorar con los que lloran (Romanos 12:15).

Una de las cosas que Jesús impartía a las personas antes, y en la actualidad, y que nosotros tenemos que impartir a los demás, es comprensión, en lugar de dureza.

A pesar de lo que alguien haya hecho o dejado de hacer que nos haya afectado, el mensaje que les debemos dar es: "Comprendo lo que estás pasando. Comprendo cómo te sientes. Pero permite que te declare lo que dice la Palabra de Dios. No tienes por qué quedarte de esa manera. Es posible cambiar." El que ha sido herido, hiere, mas el amor puede sanar y cambiarlos.

Resulta obvio lo que Satanás se propone. Quiere que desarrollemos en nuestro interior una dureza y una falta de sensibilidad para que nos resulte *imposible* sentir y podamos ser capaces de sensibilizarnos de las necesidades de los demás.

Dios quiere que seamos más sensibles a los sentimientos y a las necesidades de los demás y menos sensibles a las propias. Él anhela que nosotros nos rindamos en sus brazos y dejemos que sea Él quien cuide de nosotros, mientras que practicamos comportarnos apacible, sensible y compasivamente para con los demás.

En calidad de creyente, no nos debemos dejarnos dominar por las emociones, sino permitir que éstas nos lleven a actuar con compasión y comprensión para los necesitados, igual que lo hace el "Padre de misericordias y Dios de toda consolación, el cual nos consuela en todas nuestras tribulaciones, para que podamos también nosotros consolar a los que están en cualquier tribulación, por medio de la consolación con que nosotros somos consolados por Dios", (2a Corintios 1:3 y 4).

¿Sentimientos o decisión?

Y estando en agonía, oraba más intensamente; y era su sudor como grandes gotas de sangre que caía hasta la tierra.

—Lucas 22:44

Recuerde que los sentimientos forman parte del alma,

que se dice está compuesta por la mente, la voluntad y las emociones.

Cuando nacemos de nuevo, no se nos prohíbe pensar, sino que se nos dice que hay que aprende a pensar de una manera nueva.

Cuando nacemos de nuevo no se nos prohíbe tomar decisiones, ni dejar a un lado nuestros deseos, sino rendirle a Dios nuestra voluntad y decidir a favor de actuar según sus deseos bajo la guía del Espíritu Santo.

Lo mismo sucede con las emociones. Cuando nacemos de nuevo no se nos prohíbe *sentir*, sino que debemos aprender cómo expresar esos sentimientos como corresponde. Jesús no *sentía ganas* de ir a la cruz, pero se resistió a esos sentimientos. Sujetó sus emociones a la voluntad del Padre.

En la Huerta del Getsemaní había en el alma de Jesús una pugna interna, donde se resistía a la tentación de hacer lo que *sentía* en vez de lo que sabía que era la voluntad de Dios para Él.

Cómo poner a prueba las emociones

Fenezca ahora la maldad de los inicuos, mas establece tú al justo; Porque el Dios justo prueba la mente y el corazón.

—Salmos 7:9

En este pasaje, y también en Apocalipsis 2:23, "...yo soy el que escudriña la mente y el corazón...", leemos que Dios pone a prueba las emociones. ¿Qué significa *poner a prueba* en este contexto? Según el idioma hebreo, significa probar hasta purificar.

Hace unos años, cuando estaba orando, Dios me dijo: "Joyce, voy a poner a prueba tus emociones". Jamás había oído tal cosa, ni sabía que esos versículos estuvieran en la Biblia, así que, seguí por mi camino.

Unos seis meses después, de repente me encontré en una ruina emocional, era un manojo de nervios. Lloraba sin saber por qué. Cualquier cosa hería mis sentimientos.

Pensé para mis adentros, "¿Cuál es el problema?".

Entonces el Señor trajo a mi memoria lo que me había dicho anteriormente, "Voy a poner a prueba tus emociones". Me guió a leer Salmos 7:9 y Apocalipsis 2:23 y me dio a entender que lo que hacía, lo hacía por mi bien.

No importa quién es usted, habrá temporadas durante las cuales esté más sensible a las emociones que de costumbre. Es posible que una mañana despierte y, sin explicación alguna, sienta perder el control y solloce porque sí. Puede que dure en esta condición una semana, o más, y que usted piense, "¿Qué me pasa, porqué estoy así?"

Al pasar por esa temporada, tiene que tener cuidado, porque los sentimientos se le herirán muy fácilmente. La cosa más tonta lo hará explotar.

Hubo momentos en mi vida durante los cuales me acostaba orando, con sentimientos de dulzura y ternura, sólo para despertar la mañana siguiente ¡como si hubiera pasado la noche en vela comiendo clavos! O me levantaba con tanto malo humor que si alguien se me acercaba o me llevaba la contraria, ¡sentía ganas de pegarle una buena tunda!

¿Qué podemos hacer cuando nos sentimos así? En primer lugar, no debemos permitir que los sentimientos de culpa nos condenen. En segundo lugar, no debemos intentar siquiera de tratar de averiguar o analizar lo que nos sucede. Lo que sí debemos hacer es, sencillamente, declarar "Hoy se están poniendo a prueba mis emociones, voy a confiar en Dios y a aprender a dominarlas".

¿Cómo aprenderemos a controlar nuestras emociones a menos que Dios permita que pasemos momentos de prueba?

Recuerde que la Biblia dice que Dios "no os dejará ser tentados más de lo que podéis resistir, sino que dará también juntamente con la tentación la salida, para que podamos soportar", (1a Corintios 10:13). Si el Señor no permite que pasemos por el momento de la prueba, jamás aprenderemos cómo hacerle frente a Satanás cuando sea él quien nos traiga la prueba, cosa que sucederá tarde o temprano.

Los tiempos de prueba son tiempos de instrucción.

Las emociones y la fatiga

> *Y él se fue por el desierto un día de camino, y vino y*
> *se sentó debajo de un enebro; y deseando morirse, dijo:*
> *Basta ya, oh Jehová, quítame la vida, pues no soy yo*
> *mejor que mis padres.*

—1a Reyes 19:4

Con frecuencia he escuchado que luego de que una persona experimenta una fuerte emoción positiva, por lo general se va a pique con una fuerte emoción negativa.

Esto fue lo que sucedió en la vida del profeta Elías en 1a Reyes. Un día está en el Monte Carmelo, riéndose de los profetas de Baal, invocando fuego del cielo, en un momento de emotividad extrema. Al día siguiente está en el desierto sentado bajo un enebro pidiéndole a Dios que lo mate por la depresión que tiene.

En mi propia vida me he dado cuenta que cuando ministro en una serie de reuniones, agoto todo lo que tengo, espiritual, emocional, y mentalmente, orando por las personas y supliendo sus necesidades. Me emociono sobremanera cuando veo cómo Dios está obrando por medio de esas reuniones, los programas de radio y televisión y los demás ministerios en los cuales participamos.

Mas cuando regreso de algo tan emocionante a la rutina de la vida diaria, me resulta casi imposible de soportar. ¿Quién quiere echar fuera demonios hoy y pasar al aseo de la casa mañana?

De alguna manera nos hacemos la idea de que "¡Ay, si pudiera sentirme así de bien todo el tiempo!" Pero Dios sabe que no lo soportaríamos. Los sube y baja emocionales nos desgastan emocional, mental y físicamente.

Una vez que regresé a casa luego de uno de esos viajes durante los cuales ministro, no lograba comprender qué me pasaba. Caminaba por la casa reprendiendo a Satanás, cuando el verdadero problema era que estaba, física, mental y emocionalmente exhausta. Al igual que Elías en el desierto, no necesitaba pelear al enemigo, sino descansar y recuperarme.

Cuando uno se ve en ese estado, no haga lo que Elías, quien comenzó a autocriticarse. No empiece a pensar que es un miserable. No se queje y murmure diciendo lo feliz que se sentía ayer y lo horrible que se siente hoy.

¿Sabe qué hago cuando me pongo así? Digo, "Señor, en este momento me siento deprimida, así que voy a tener que descansar y ayudar a reponerme a mí misma. Voy a pasar tiempo contigo, Señor, y permitir que me fortalezcas".

La maniacodepresión

El término utilizado en la psicología para describir a la persona que va de un extremo emocional al otro es "maniacodepresiva".

Durante una de nuestras reuniones una joven me comentó que su marido era maniacodepresivo. Dijo que por tres meses vivía una fuerte emoción positiva, una subida emocional, y era en extremo creativo. Con su negocio hacía compraventas, invertía grandes sumas de dinero, y tenía un éxito increíble. Cuando venía de bajada ¡se sumía en una depresión que podía llegar a durar hasta seis meses!

Hubo un tiempo en que el tratamiento médico de esta condición consistía en intentar sacar a los maniacodepresivos de su estado depresivo. Cuando vivían un estado en extremo optimista, no recibían tratamiento alguno. Según un artículo que leí hace poco, han descubierto ahora que también deben intentar menguar ese estado de exaltación emocional. Los profesionales de salud están descubriendo que la clave estriba en el equilibrio.

Siempre hemos aplaudido las emociones optimistas y criticado las depresivas, mas, de hecho, ambos extremos son nocivos.

La mayoría de nosotros jamás tendrá que lidiar con la

maniacodepresión, pero sí podemos aprender un principio del tratamiento que se les suministra y podemos comprender que no basta sencillamente con resistir la depresión, sino también un estado de exaltación emocional de un grado tal que nos deja exhaustos y nos hace presa fácil del diablo.

Ninguno de nosotros puede vivir permanentemente en la cima de la montaña. Va a haber días en que nos vamos a sentir mejor, y otros, peor. Las emociones son traicioneras, fluctúan a menudo y sin razón de ser. Lo que tenemos que aprender es cómo ejercer el dominio a ambos extremos.

Algo que resulta importante para mantener una salud emocional equilibrada es la honestidad consigo mismo y para con los demás. Las personas que nos conocen de cerca pueden sentir cuando estamos luchando con las emociones. Me he dado cuenta que lo mejor para mí y para mi familia es ser honesta con ellos acerca de lo que me está ocurriendo. En los momentos que siento que me estoy sumiendo en la ira, la depresión o alguna otra emoción negativa, le comento a mi familia, "Hoy las emociones me están jugando una mala pasada, así que si ven que me quedo callada, no me presten atención por un rato".

Es necesario que recordemos que lo que nosotros escondemos tiene poder sobre nosotros, pero cuando sacamos a luz lo que estaba oculto, de inmediato pierden su influencia. Juan 8:32 nos enseña que la verdad nos hará libres. Santiago 5:16 nos alienta a confesar nuestras ofensas los unos a los otros para que seamos sanado y recobremos la paz espiritual en nuestra mente y nuestro corazón.

Descubrí que si intentaba proteger mi reputación espiritual pretendiendo que no me pasaba nada, lo único que hacía era traer confusión a toda mi familia. Podían llegar a imaginarse que tenía motivo para estar enojada con ellos. Entonces se angustiaban, intentando analizar qué podrían haber hecho para hacerme sentir mal. Era muchísimo mejor para todos si sencillamente les decía la verdad. Aprendí que durante esas temporadas es mejor quedarse quieto y callado.

Cuando nos sentimos mal emocionalmente tenemos la tendencia de decir cosas de las que luego nos arrepentimos. Tenemos una responsabilidad para con nuestros familiares y las amistades íntimas de dejarles saber lo que nos sucede en vez de perder tiempo dejando que tengan que adivinarlo.

He aquí una buena ilustración. Uno de los integrantes de nuestro equipo que viaja con nosotros quien, de costumbre habla mucho y es muy alegre, de repente se puso muy callada y casi se tornó arisca. Varios de los integrantes lo notaron, y vinieron donde mí y Dave diciendo, "¿Qué es lo que le pasa a fulana?" Pensaban que ella estaría enojada por algo o con alguien del equipo de viaje.

Cuando hablé con ella, me indicó que sencillamente estaba teniendo unos problemas de salud. Hacía poco se había hecho unos análisis y esperaba ansiosamente los resultados. Me dijo, "Siempre que tengo que hacerle frente a una situación como ésta, me sosiego y la paso en oración".

Le dije que sosegarse y orar era lo mejor que podía hacer, pero que quizás la próxima vez sería bueno que le dejara saber a todos que ella estaba pasando por algo personal para que nadie se inquietara a raíz de su silencio. Al tomar este tipo de medida impedimos que el enemigo pueda colocar en los demás pensamientos negativos acerca de la situación.

La gente lo respeta a uno si uno es abierto y anda sin rodeos. Esta verdad la aprendí tratando con mi familia, y nos ha evitado de sufrir muchísima ansiedad.

Recuerde que el diablo usa las emociones para hacer que nos sintamos culpables y condenados, pero Dios a menudo se sirve de ellas para probarnos para que salgamos de nuestro subibaja emocional fortalecidos y mejor capacitados que nunca para ejercer dominio propio.

La clave está en aprender a no ceder ni a ser esclavo de las emociones. Pasé muchos años meciéndome en el subibaja emocional, pero ahora gozo de gran estabilidad. Dios nos ayuda conforme seguimos confiando en Él y siguiendo la guía del Espíritu Santo.

El precio que se paga cuando es esclavo de las emociones

Y los que viven según la carne no pueden agradar a Dios.

—Romanos 8:8

Vivir según la carne significa ser esclavo o siervo de los apetitos e impulsos de la naturaleza carnal.

Todos hemos asistido a banquetes y a eventos donde hay personal que nos sirve. Siempre resulta divertido que a uno le sirvan, que otra persona se responsabilice de suplir todas nuestras necesidades de inmediato. Pero obtener ese tipo de servicio tiene un precio.

La misma verdad se aplica al ámbito de las emociones. Hay un precio que pagar cuando caemos en servidumbre a los deseos y exigencias de nuestras emociones, lo que la Biblia llama nuestra "carne".

Porque el ocuparse de la carne es muerte, pero el ocuparse del Espíritu es vida y paz.

—Romanos 8:6

Esto quiere decir que si usted y yo seguimos las órdenes y las exigencias de la carne, nuestras emociones desenfrenadas, tendremos que pagar un precio por ello. ¿Por qué?

Por cuanto los designios de la carne son enemistad contra Dios; porque no se sujetan a la ley de Dios, ni tampoco pueden.

—Romanos 8:7

Parte del precio que pagamos por ser esclavos de nuestras emociones es no poder vivir una vida llena del Espíritu Santo:

Porque los que son de la carne piensan en las cosas
de la carne; pero los que son del Espíritu, en las cosas
del Espíritu.

—Romanos 8:5

La Biblia claramente enseña que la carne es contraria al Espíritu, y vice versa. Viven en pugna continua, lo que quiere decir que no podemos dejarnos llevar por nuestras emociones y al mismo tiempo por el Espíritu Santo, así que tenemos que tomar una decisión.

Ahora, cuando la Biblia dice que los que se ocupan de la carne no pueden complacer ni agradar a Dios ni ser aceptos ante Él, no está diciendo que Dios no los ame.

Usted y yo podemos encontrarnos en medio de un ataque de nervios, pero ello no significa que nuestro Padre no nos siga amando. El hecho de que tengamos trastornos emocionales no significa que no vamos a poder entrar al cielo. Sólo quiere decir que a Dios no le complace nuestro estilo de vida. ¿Por qué? Porque lo coloca a Él en una situación donde le resulta imposible ayudarnos como le gustaría hacerlo.

Como mencioné anteriormente, todos queremos que nuestros hijos sean bendecidos y compartan en nuestra herencia. Mas, si un hijo nuestro decide seguir un estilo de vida de una sensualidad desenfrenada, no nos sentiremos inclinados a depositar con él nuestra herencia porque sabemos que la va a derrochar y malgastar viviendo una vida desenfrenada, complaciendo las concupiscencias de la carne. Cuando el apóstol Pablo dice que Dios no siente agrado por los que se ocupan de la carne en vez de su Espíritu, creo que lo que Pablo quiere decir es que Dios no puede depositar en ellos la confianza necesaria para darles lo mejor que tiene para ellos.

Impulsos ordinarios

Porque aún sois carnales, pues habiendo entre voso-

tros celos, contiendas y disensiones, ¿no sois carnales, y andáis como hombres?

—1a Corintios 3:3

En su epístola a la iglesia de Corintio, el apóstol Pablo los llamó carnales porque no vivían según el Espíritu de Dios, sino según su propia naturaleza humana, la que estaba bajo el control de impulsos ordinarios.

Note que Pablo no dijo que estas personas eran carnales debido a que tenían impulsos ordinarios, sino porque estaba *bajo el control* de los mismos. En vez de controlar los impulsos, permitían que los impulsos se apoderaran de ellos.

Yo defino la palabra *impulso* como un sentir urgente que compele a una persona a tomar acción, o que es una tendencia inherente e irracional. Me parece que una persona impulsiva es la que tiende a actuar en base a las emociones, en vez de en base a la lógica o la sabiduría.

Con frecuencia oímos que la gente compra algo por impulso, lo que, claro está, se refiere a comprar algo sin considerar la compra cuidadosamente.

Pablo dice que ser impulsivo, dejarse llevar por los impulsos ordinarios en vez de seguir al Espíritu de Dios, nos lleva a todo tipo de mal, tal como los celos, las contiendas y las disensiones, en breve, todo lo que causa que entre nosotros haya divisiones y fraccionamientos.

Las emociones como enemigo

Watchman Nee hace dos comentarios acerca de las emociones en su libro *El hombre espiritual*: 1) "Las emociones pueden muy bien constituirse en el enemigo más formidable al que tenga que hacer frente el hombre espiritual" y 2) "Por lo tanto, el que vive fundamentado en las emociones vive carente de principios".

Lo que expresaba es lo mismo que Pablo expresa en este pasaje. No podemos ser espirituales, o sea, vivir en el Espíritu, y dejarnos llevar por las emociones.

Es imposible prescindir completamente de las emociones, mas sí podemos aprender a dominarlas. Todos tenemos emociones, y debemos hacerles frente, ¡pero de ninguna manera podemos confiar en ellas! ¿Por qué? Debido a que las emociones son nuestro peor enemigo. Satanás se sirve más de nuestras emociones que de ninguna otra artimaña para contrariarnos e impedir que caminemos en el Espíritu.

Sabemos que el campo de batalla es en la mente, el lugar donde luchan el Espíritu y el alma. He leído que cuando las emociones son pujantes, la mente es engañada y a la conciencia se le priva del juicio normal.

A menudo me preguntan ¿Cómo puedo saber cuál es la voz de Dios y cuál la de mis emociones?

Considero que la respuesta está en aprender a esperar. Las emociones exigen que actuemos de inmediato. Nos dicen que hay que hacer algo, ¡y hay que hacerlo ahora! Pero la sabiduría de Dios nos dice que debemos esperar hasta tener un panorama claro de lo que debemos hacer y cuándo.

Lo que debemos hacer es desarrollar la capacidad de distanciarnos de la situación y mirarla desde la perspectiva divina. Es necesario que podamos tomar decisiones fundamentados en lo que *sabemos* y no en cómo nos *sentimos*.

Muchas veces decimos, "Bueno, si *siento* que Dios quiere que haga esto o aquellos". En realidad, lo que queremos decir es que sentimos en nuestro espíritu que el Señor nos está diciendo que hagamos o no tal cosa. No estamos hablando de actuar en base a nuestras propias emociones, sino por medio de lo que percibimos espiritualmente que es la voluntad de Dios para nosotros en una determinada situación.

Cada vez que nos enfrentamos a una decisión, tenemos que plantearnos la pregunta: "¿Estoy tomando esta decisión según mis sentimientos, o según la voluntad de Dios?"

Permítame darle un ejemplo tomado de mi vida personal.

Discernimiento de emociones

...porque por fe andamos, no por vista...
>   —2a Corintios 5:7

Mi esposo Dave y yo tenemos una manera en que manejamos nuestro dinero. Él me pasa una cantidad fija cada semana, y él obtiene otro tanto. Yo por lo general guardo mi dinero para comprarme ropa y otras cosas que desee o necesite comprar.

Una vez había guardado uno U$S 375 para comprarme un buen reloj pulsera, gasto que tengo casi todos los años debido a que mi piel tiene un alto nivel de acidez. Quería comprar un reloj bueno de oro de 14 quilates para que la pulsera no perdiera el color.

Como ya llevaba un tiempo buscando un reloj pulsera y había descubierto que el tipo de reloj que realmente me gustaba costaría unos ochocientos o novecientos dólares, iba guardando mi dinero hasta alcanzar la meta que me había fijado.

Un día que Dave y yo estábamos en un centro comercial, dio la casualidad de que nos detuvimos justo en frente de una joyería donde vi un reloj que sólo tenía un baño de oro, pero era muy bonito. Combinaba con mi anillo y parecía ser justo lo que andaba buscando. Me quedaba perfectamente en el brazo y no había que mandarlo recortar. No sólo eso, sino que el dependiente ofreció rebajarlo de U$S 395 a U$S 316. Mis emociones gritaron —¡Sí, es exactamente lo que quiero!

Pero entonces mi esposo dijo, —Pero, sabes, no es oro 14 quilates.

Entonces le pregunté al dependiente, —¿Cuánto tiempo piensa usted que durará el baño de oro?

—Bueno, podría durar entre cinco a diez años— respondió, —dependiendo del nivel de acidez que tenga en su piel.

Me volví hacia Dave y le dije, —Bueno, la verdad que me gusta mucho el reloj. ¿Qué debo hacer?

—Ya sé lo que voy a hacer—, le dije al dependiente, —
Usted guárdemelo por una media hora. Voy a caminar un
poco por el centro comercial. Si me decido por el reloj, lo
vengo a buscar en media hora.

Así que Dave y yo caminamos un rato por el centro
comercial. Pasamos por una tienda de ropa. Como necesitaba comprarme algo de ropa, me probé un regio traje de
chaqueta, y me sentó de maravilla. Me encantó.

—Ese traje de chaqueta sí que es bonito—, dijo Dave, —
la verdad que deberías comprártelo.

Me fijé en el precio y leí U$S279. —No en balde me
queda tan bien—, respondí. Pero de todos modos, ¡me
moría por comprarme ese traje de chaqueta!

Luego de un tiempo colgué de vuelta el traje.

—¿No te lo vas a comprar?—, me preguntó Dave.

—No— le contesté, —Tampoco lo voy a comprar. Voy a
pensarlo.

De hecho, lo que quería eran tres cosas: quería el reloj,
quería el traje de chaqueta y no me quería quedar sin
dinero. Quería tener algo de dinero a la mano para comprar algunas cositas que necesito de vez en cuando y para
darme algunos gustos, como invitar a mis hijos a salir a
comer.

¿Qué había hecho? Había puesto por obra la sabiduría.
Decidí esperar. El reloj me habría costado todos mis aho-
rros sin ser realmente lo que buscaba. El traje de chaqueta
era hermoso, pero también habría casi agotado mis aho-
rros. Ya que era manga larga, no me lo iba a poder poner
hasta el otoño entrante. Hubiera permanecido colgado en
mi armario por mucho tiempo.

Decidí que lo mejor sería esperar, guardar el dinero, y
esperar hasta estar segura de qué es lo que quería más.

La verdad es que a partir de esa experiencia aprendí una
gran lección. Mi decisión me llenó de paz. Aunque sabía
que habría disfrutado tanto del reloj como del traje con
chaqueta, sabía que había tomado la decisión correcta.

Al fin y al cabo resultó que mi marido me compró tanto

el reloj, como el traje con chaqueta, ¡y encima un anillo haciendo juego! Todo terminó de maravilla porque estuve dispuesta a escuchar a la razón y a poner por obra la sabiduría en vez de ser presa de mis emociones.

Si estamos dispuestos a aprender a ejercer control sobre nuestras emociones, Dios nos bendecirá.

No estoy diciendo que si pones en espera una decisión otra persona la tomará por tí y recibirás todo lo que deseabas y aún más. Lo que *sí* estoy diciendo es que por lo general el camino más sabio es: si no está seguro, ¡no lo haga!

Cuando se enfrente a una decisión difícil, espere hasta obtener una respuesta clara antes de tomar un paso del cual luego pueda arrepentirse. Las emociones son maravillosas, pero de ninguna manera debe uno permitir que cobren mayor importancia que la sabiduría y el conocimiento. Recuerde: controle sus emociones, no permita que ellas lo dominen a usted.

2

⁓

Sanidad de las heridas emocionales, Parte 1

La sanidad de las heridas emocionales es un proceso, no algo que ocurre de repente ni de la noche a la mañana. Exige que uno le dedique tiempo y obedezca a Dios diligentemente.

Me he dado cuenta por experiencia propia que muchas veces uno siente que no progresa en lo absoluto. Quizás usted siente que tiene tantos problemas que no está llegando a ninguna parte.

¡Pero sí está progresando!

No se olvide de que aunque todavía le queda mucho camino por recorrer, ya ha recorrido bastante camino también. La solución está en agradecerle a Dios por lo que ya ha progresado y confiar en que a la larga Él lo llevará a la victoria, paso por paso.

Paso por paso

En las exposiciones que dicto acerca de este tema, me gusta mostrar un manojo de varios cabetes de colores que están todos anudados. Le digo al público, "Este es usted cuando inicia el proceso de transformación con Dios. Está todo hecho nudos. Cada nudo representa un problema diferente en su vida. Desanudar los nudos y alisar los problemas va a tomar un poco de tiempo y esfuerzo, así que no se sienta descorazonado si no se arregla todo de golpe".

Todos tenemos muchos problemas similares, pero Dios no lidia con todos ellos al mismo tiempo ni con todos nosotros de la misma manera. Puede que el Señor lidie con una persona acerca de lo que dice, con otra acerca de su egoísmo y con otra acerca de su ira o su amargura.

Si usted desea recibir de Dios una sanidad en sus emociones y sentirse completo en un aspecto de las mismas, debe darse cuenta que la sanidad es un proceso y tiene que permitir que el Señor lidie con usted y con sus problemas de la manera que Él quiera y cuando Él diga. El papel que usted debe desempeñar es el de cooperar con Él en cualquier aspecto con el cual Él desee lidiar primero con usted.

A lo mejor usted desea lidiar con una cosa, y puede que Dios desee comenzar con otra. Si usted sigue su propio plan, pronto aprenderá que no hay unción alguna para lidiar con ese problema. La gracia de Dios no lo va a liberar a usted fuera del tiempo de Dios.

Durante los seminarios que dicto le digo a la gente que "Sentir que el Espíritu Santo lo toque durante esta reunión no quiere decir que va a salir y formular un plan de diez puntos para encarar esa situación. En primer lugar tiene que orar pidiéndole a Dios que comience a obrar en ese aspecto de su vida. Entonces tiene que cooperar con Él cuando lo haga."

Conforme Dios trata con cada uno de nosotros sobre un área específica por vez, es posible que tarde entre una hora hasta varios años. En mi caso, el Señor obró en mí un año entero para hacerme comprender que Él me ama de verdad.

Jamás lo olvidaré. Necesitaba ese fundamento en mi vida. Desesperadamente necesitaba saber cuánto Dios me amaba a mí personalmente, no sólo cuando yo había cumplido con lo que yo pensaba que estaba supuesta a hacer, sino todo el tiempo, sintiera o no que "merecía" Su amor.

Necesitaba saber que Dios me amaba incondicionalmente y que Su amor no era algo que podía comprar con obras ni con buen comportamiento.

Como parte del proceso, comencé levantándome cada mañana diciendo "¡Dios me ama!". Aún cuando hacía algo mal, repetía en voz alta, "¡Dios me ama!". Cuando tenía problemas o pruebas, lo decía, y lo decía, "¡Dios me ama!". Cada vez que Satanás intentaba robarme la seguridad de esta aseveración, repetía una y otra vez, "¡Dios me ama! ¡Dios me ama!".

Leía libros acerca del amor incondicional y eterno de Dios. Meditaba sobre ello constantemente hasta que esta verdad se cimentó firmemente en mi corazón y en mi mente: "¡Dios me ama!". Por medio de un proceso de estudio y meditación continuas sobre este tema, ahora estoy arraigada y cimentada en amor, como nos alienta a hacer el apóstol Pablo en Efesios 3:17.

Uno de los problemas que debemos enfrentar es que en nuestra sociedad moderna, acostumbrada a obtenerlo todo instantáneamente, tenemos la tendencia de saltar de una cosa a otra. Pensamos que todo se tiene que dar rápida y fácilmente. No seguimos haciéndole frente a un problema tenazmente hasta obtener la victoria en esa área.

El Señor no es así, Él nunca tiene prisa y nunca se da por vencido. Él lidia con nosotros acerca de algo en particular, y entonces nos permite descansar un tiempo, pero no demasiado. Pronto vuelve y comienza a lidiar con algo más. Vuelve de continuo hasta que, uno por uno, desata todos nuestros nudos.

A veces parece que usted no está progresando porque el Señor le va desatando los nudos de uno a uno. Puede que sea difícil y que tome tiempo, pero si usted se aferra a lo programado, tarde o temprano tendrá la victoria y vivirá en la libertad que tanto ha deseado.

En algunos aspectos me sentí libre en unos pocos meses o en un año, pero había un aspecto de mi vida que me tomó catorce largos años vencer. Ahora, quizás usted no es igual de terca, porfiada y cabezona como lo era yo, así que es posible que no le tome tanto tiempo romper el yugo que lo mantiene atado. Lo importante es recordar que, no importa cuánto tiempo tome, jamás se de por vencido ni renuncie a sus sueños, ¡siga adelante!

Siga adelante

Lo más importante que Dios pide o exige de nosotros para resolver nuestros problemas es creer y seguir adelante. Estudie la Palabra de Dios y pase tiempo con Él.

¿Qué más podemos hacer?

El solo hecho de que tengamos un nudo en nuestra vida no significa que no lo podamos desatar nosotros mismos. De hecho, si no tenemos cuidado, podemos empeorarlos más. Demasiado a menudo durante nuestro propio esfuerzo por desenmarañar nuestros nudos lo único que hacemos es empeorarlo todo.

En un momento dado de mi vida me encontraba tan enredada en mis problemas y en mis inútiles esfuerzos por desenredarlos, que no servía para nada, ni para mí misma ni para los demás.

Mas, una vez que aprendí a dejar que el Señor manejara los problemas y a cooperar con Él, las cosas empezaron a funcionar mucho mejor. Ahora soy libre en Jesús y puedo ayudar a los que están tan atados y enredados como lo estuve yo.

Los problemas que manifiestan las personas

Hay quienes han sufrido graves daños emocionales. Siento que de una forma un otra, todos nosotros hemos formado parte de ese grupo, o lo formaremos algún día, así que echémosle un vistazo a algunos de estos problemas.

Algunas personas tienen complejos o sentimientos de inferioridad. Se odian a sí mismos a raíz de que se sienten avergonzados, se autorechazan. Hay una voz en su interior que les dice que no sirven para nada, que algo anda mal en ellos.

Por años me acosó la constante interrogante: "¿Qué anda mal en mí?"

¿No resulta interesante que cuando nacemos de nuevo, lo primero que el Señor quiere darnos es Su justicia por medio de Su sangre para que dejemos de preguntar qué es lo que anda mal y comencemos a confesar lo que anda bien, ahora que estamos en Cristo?

Otros se vuelven perfeccionistas. Siempre intentan probar que son dignos y tratando de que los amen y los acepten en base a su desempeño y rendimiento. Los perfeccionistas luchan siempre por hacerlo todo cada vez mejor con la esperanza de que alguien los amará más y los aceptará más a cambio de ello.

Aún otros se vuelven en extremo sensibles. ¿Recuerda lo que dice el apóstol Pablo sobre el amor en 1a Corintios 13:5? *...no se irrita...*

¿Se irrita usted? ¿Le gustaría de una vez verse libre de ser en extremo sensible? De ser así, parte de la solución es enfrentarse al hecho de que usted se irrita, el problema no yace en los que lo ofenden constantemente o le hieren emocionalmente, sino en usted por su naturaleza que es sensible. Sentirse seguro lo sanará y no se irritará más.

Una de las cosas que me ayudó con este tema fue algo muy sencillo que me dijo una señora que estaba leyendo un libro respecto el tema. Me dijo, "Sabes, el libro que estoy leyendo dice que el 95% del tiempo cuando las personas hieren tus sentimientos, ¿jamás fue su intención hacerlo".

Eso quiere decir que si se te hieren con facilidad los sentimientos, fue por decisión propia. La buena nueva es que también puedes decidirte por lo contrario.

Sinceramente le aliento a dejar a un lado la sensibilidad extrema. Se sentirá mucho mejor acerca de sí mismo y de los demás.

Sé de qué hablo. Me sentía herida si mi esposo no me compraba un regalo para mi cumpleaños o dejaba de hacer algo que yo pensaba que él debía hacer para demostrarme su amor y su aprecio. Si no me daba un cumplido cuando pensaba que debía hacerlo, hería mis sentimientos.

Si usted entra a un lugar y no le prestan la atención que usted piensa que merece, ¿se siente herido? ¿Siente que los demás no lo estiman como deberían? De ser así, debe depositar este problema en manos de Dios y permitir que Él obre lo mejor. Yo intento rendirme completamente a Él y confiar que Él me va a hacer llegar lo que Él quiere que yo tenga.

En breve, estoy aprendiendo a no esperar que los demás suplan mis necesidades, sino a confiar en el Señor, que Él suplirá mis necesidades de la manera que Él sabe que mejor me conviene.

Resulta interesante que la persona que es en extremo sensible en cuanto a lo que los demás le hacen, con frecuencia es totalmente insensible a cómo trata a los demás. Yo era así. Era en extremo sensible y sin embargo a los demás les era difícil llevarse conmigo debido a que era muy insegura.

Muchas veces una persona es demasiado sensible porque en el pasado la han herido y, teniendo las emociones amoratadas, son mucho más sensibles a cualquier roce.

Es por eso que se irritan fácilmente.

Yo reaccionaba así. Al igual que muchos otros, porque durante gran parte de mi vida no recibí el amor y el cariño que necesité, así que cifraba en los demás mi felicidad. Al casarme me convertí en una persona sofocante. Debido a que se me habían negado amor y afecto, tenía la tendencia a sofocar a cualquiera que demostrara tenerme cariño o se interesara un poco por mí.

Aprendí que en una relación matrimonial es necesario darle cierta libertad a nuestro cónyuge. Tenemos que deshacernos del temor a los demás para desarrollar un temor reverencial y el respeto que Dios se merece.

¿Porqué tenemos algunos tanto pavor de lo que puedan llegar a pensar los demás de nosotros? La razón estriba en que tenemos una pobre imagen del propio ego. El solo hecho de que alguien tenga una opinión negativa de nosotros, ¿hace que Dios nos menosprecie o que perdamos nuestro valor ante sus ojos? Claro que no, pero sentimos que valemos menos al no ser que estemos seguros de quiénes somos en Cristo.

Los que temen demasiado a los demás son candidatos óptimos para caer bajo un espíritu de control. Tenemos que ser sumamente cuidadosos en este campo.

Muchas veces la persona que sufre de autoestima baja se deja dominar por alguien que promete demostrarles amor o aceptarlos. Dejan que los manipulen como títeres. Tienen miedo de cortar con las cuerdas porque temen perder la atención que reciben del que los domina. Temen a la soledad.

Hay quienes, debido a heridas emocionales, se vuelven dominantes y manipuladores. Yo era uno de ellos.

Cuando me casé, debido a las heridas de mi pasado, se me hacía muy difícil someterme a mi esposo en el Señor, como enseña la Biblia (Efesios 5:22; Colosenses 3:18). Temía que si me sometía a él y le permitía ejercer dominio alguno sobre mí, que me haría daño.

Dave me decía de continuo, "Joyce, ¡no voy a herirte! ¿No entiendes que te amo y que las decisiones que tomo las tomo porque son las que más nos convienen? Es Dios quien me ha dado esa responsabilidad".

Mas por mucho tiempo no podía comprenderlo. No podía creer que alguien se interesara por mí a tal grado que tomara decisiones que me beneficiarían en algo. Pensé que si permitía que alguien ejercitara cualquier grado de dominio sobre mi vida, que se aprovecharía de mí y haría lo que mejor le conviniera a él, y no a mí. Hay quienes se comportarían de esa manera, pero Dave no era de esos. Dios nos está pidiendo que confiemos en Él y creamos que si las personas nos tratan mal, será Él quien nos vindicará.

Cuando en el pasado hemos sido lastimados, tenemos la tendencia de arrastrar esas heridas a relaciones nuevas. Una de las cosas que Dios quiere hacer por nosotros es ayudarnos a aprender cómo comportarnos en las nuevas relaciones que vamos desarrollando, en vez de arruinarlas a causa de las malas experiencias que hemos vivido en el pasado.

Está también el comportamiento adictivo: alcoholismo, drogadicción, ser adicto a la comida, y a comprar cosas, entre otras adicciones. Si usted sufre de cualquiera de estas enfermedades emocionales, Dios quiere sanarle. Quiere sanarlo para que no se sienta poca cosa, ni avergonzado, ni rechazado, ni tenga adicciones, ni sea sensible en extremo, ni tenga temor, ni trabaje arduamente para ser un perfeccionista que agrade a Dios.

Una vez el Señor me dijo, "Joyce, no soy tan difícil de complacer como piensa la gente".

Dios no exige que usted y yo seamos perfectos. Si pudiéramos serlo no habría sido necesario que Dios enviara a Jesucristo, el sacrificio perfecto, para tomar nuestro lugar.

Dios tiene la maravillosa habilidad de amarnos a pesar de nuestras imperfecciones. Desea sanarnos de nuestros temores emocionales, nuestras debilidades y adicciones. Pero para que Él lo logre, nosotros tenemos que estar dispuestos a ayudar.

Esté dispuesto a recibir ayuda

…Yo soy el camino…

—Juan 14:6

Hay muchas personas que han sido heridas tan profundamente, que están clamando por ayuda. El *problema* está en que no están dispuestos a recibir la ayuda que necesitan de parte de Dios.

La *verdad* es que, no importa cuánto querramos ni necesitemos ayuda, jamás la vamos a recibir hasta que estemos dispuestos a hacer las cosas como Dios quiere.

Es increíble cuántas veces queremos ayuda, pero que Dios nos ayude a *nuestra* manera. Dios quiere que nosotros lo hagamos a *Su* manera.

En Juan 14:6 Jesús dijo, "Yo soy el camino". Mientras

preparaba este mensaje recibí un entendimiento profundo de lo que significa esa verdad.

Lo que Jesús quiso decir con "Yo soy el camino", es que Él tiene una cierta manera propia de hacer las cosas, y si nos sometemos a *Su* manera, a *Su* camino, todo nos saldrá bien. Mas con frecuencia luchamos con Él y le llevamos la contraria, intentando que sea Él quien siga nuestro camino y nuestra manera. No funciona.

Por ejemplo, en nuestro ministerio les informamos a las personas, "Tienes que meterte en la Palabra de Dios, tienes que leer y estudiar la Biblia diario". Sino, no conocerán cuál es el camino de Dios ni cómo recibir Su ayuda.

Cuántas veces las personas se han parado frente a mí ante el altar y me han compartido todo tipo de cosas terribles que les están ocurriendo en la vida y cuánto están sufriendo, y yo quiero ayudarles, y, sin embargo, se rehusan a hacer lo que se les pide para que puedan recibir la ayuda que necesitan.

Yo les pregunto, —¿Estás metido en la Palabra?.

—Pues, no, la verdad que no.

—¿Te congregas?

—No siempre llego al culto.

—¿Con qué frecuencia asistes a reuniones espirituales similares a ésta?

—De vez en cuando, quizás una vez por año.

—¿Escuchas cintas de enseñanza bíblica?

—Tengo cuatro o cinco, pero nunca las escucho.

No siempre va así la conversación, pero por lo general es una situación al azar. El punto es que con frecuencia la gente intenta encontrar algún otro camino, otra forma de recibir ayuda que no sea hacer las cosas siguiendo el camino trazado por Dios.

La Biblia claramente enseña que es necesario que aprendamos que tenemos que vivir en harmonía y en paz con los demás y a perdonar a los que nos han hecho daño. Si nos rehusamos a hacerlo, ¿qué esperanza podemos tener de recibir lo que necesitamos?

Si no hacemos lo que podemos hacer, entonces Dios no hará lo que nosotros no podemos hacer. Si hacemos lo que sí podemos hacer, Dios hará lo que nos es imposible hacer. Es así de sencillo.

Entiendo que la única razón por la cual no siempre seguimos el consejo que nos da la Palabra de Dios es debido a que a veces resulta difícil actuar según la Palabra en vez de obrar dejándonos llevar por nuestros sentimientos.

Recuerdo cuán difícil fue para mí la primera vez que el Señor me dijo que tenía que ir donde mi esposo y pedirle perdón. ¡Pensé que me moría en aquel preciso instante! Mi carne protestaba, vociferaba y despotricaba en mi interior. De la manera en que me habían maltratado cuando era joven, se me hacía en extremo difícil someterme a nadie, y menos a un hombre. Pensaba que si finalmente tenía algo de dominio sobre mi propia vida, no estaba a punto de arrodillármele ¡a nadie! Ni pensaba demostrar lo que, por lo menos para mí, era una señal de debilidad.

Ahora me doy cuenta de que el Señor estaba pidiéndome que mostrara mansedumbre, fortaleza bajo control, y no debilidad, sometimiento ante el dominio de otro.

El mundo nos dice que si nos humillamos, pedimos perdón por nuestras faltas, y hacemos lo necesario para lograr la paz, que somos débiles y estamos permitiendo que los demás hagan con nosotros lo que les da la gana. Pero Dios dice que eso es mansedumbre, no debilidad. Cada vez que Dios busca utilizar a alguien, busca a una persona con mansedumbre y humildad. Sólo este tipo de persona obedece a Dios continuamente.

La Biblia dice que Moisés era el hombre más manso que había sobre la tierra cuando Dios lo llamó a la obra que tenía preparada para él (Números 12:3). Lo único que tenemos que hacer hoy es igual a lo que hizo Moisés: obedecer.

Obedezca la Palabra

Pero sed hacedores de la Palabra, y no tan sola-
mente oidores, engañándoos a vosotros mismos.
—Santiago 1:22

Me viene a la mente una mujer que asistió a uno de mis seminarios. Tenía muchas heridas espirituales que la habían dejado muy insegura y llena de temor. Anhelaba desesperadamente ser libre, pero nada parecía ayudarle.

Al finalizar el seminario ella me dijo que ahora entendía la razón por la cual nunca antes había progresado. Me dijo, "Joyce, me senté con un grupo de señoras quienes habían tenido mucho de los mismos problemas que tuve yo en mi pasado. También tenían problemas emocionales, pero paso a paso Dios las había ido librando. Conforme las escuchaba, oí que decían, 'Dios me guió a hacer esto, y lo hice. Y entonces me guió a hacer esto otro, y lo hice'. Me dí cuenta que Dios también me había dicho que hiciera las mismas cosas que les había dado a ellas. La única diferencia entre nosotras es que ellas lo hicieron, y yo no".

Para recibir de Dios lo que Él nos ha prometido en Su Palabra, es necesario obedecer. Sí, tenemos que recibir la Palabra, pero también tenemos que ser hacedores de ella, y no solo oidores.

Es necesario que asistamos a estudios bíblicos y a la iglesia para escuchar la Palabra, pero también tenemos que salir al mundo y poner esa Palabra en práctica en nuestra vida diaria. Habrá veces en que obedecer la Palabra no será fácil, momentos en los cuales no *sentimos* ganas de hacer lo que nos dice que hagamos.

Obedecer la Palabra exige constancia y tenacidad. Es imposible obedecer al azar. No podemos cumplir con ella por un rato para ver si funciona. Tiene que haber un compromiso y una dedicación a seguir lo que dice la Palabra, sea cual fuere el resultado.

He estado haciéndole frente a esta problemática por

mucho, mucho tiempo, y créame cuando le digo que a los que hacen las cosas como Dios manda, ¡les llega la victoria!

"Sí, pero", piensas, "yo he estado cumpliendo con la Palabra de Dios por un largo tiempo ¡y todavía no he experimentado la victoria!"

Entonces sigua cumpliéndola. Nadie sabe exactamente cuánto tiempo se necesita para que la Palabra obre en su vida. Mas déjeme asegurarle que si usted es constante y tenaz al respecto, tarde o temprano la Palabra se cumplirá en usted.

¡El camino de Dios funciona! Ningún otro camino puede funcionar.

Sé que con frecuencia hay que luchar constantemente para salir adelante, en especial cuando parece que no se obtiene resultado alguno. Sé que hay que pelear. Sé que Satanás intenta impedir que pase tiempo en la Palabra, y cuando lo logra, usa todo su arsenal para evitar que la ponga en práctica en su vida. Pero también sé que una vez que ponga por obra la Palabra de Dios en su vida, hace todo lo posible para que piense que no funcionará.

Es por eso que tiene que mantenerse constante. Pídale a Dios que le ayude a desear estudiar Su Palabra y a hacerlo a pesar de cuán difícil sea o cuánto tiempo tarde en producir fruto en su vida.

¿Quieres realmente ser sano?

Y había allí un hombre que hacía treinta y ocho años que estaba enfermo. Cuando Jesús lo vio acostado, y supo que llevaba ya mucho tiempo así, le dijo: ¿Quieres ser sano?

—Juan 5:5, 6

¿No le parece increíble que Jesús le plantee una pregunta tal a un hombre que había estado enfermo por treinta y ocho largos años?

En este mismo instante, mientras lee estas palabras, el

Señor le plantea la misma pregunta: "¿Quieres realmente ser sano?"

¿Sabía que hay personas que en el fondo no desean ser sanas? Sólo quieren hablar de su problema. ¿Es usted una de ellas? ¿Realmente quiere mejorarse y ser sano, o sólo está interesado en quejarse de su problema?

Hay algunas personas que a veces se tornan adictas a su problema. El problema se convierte en su tarjeta de identidad, les afecta la vida entera. Define todo lo que piensan, dicen y hacen. Todo su ser se centra en él.

Si usted está enfermo y "lleva ya mucho tiempo así", el Señor quiere que sepa que no tiene por qué ser el enfoque principal de su existencia. Él quiere que confíe en Él y coopere con Él para que le lleve paso a paso a la victoria.

No intente utilizar su problema para ganar atención, compasión o pena.

Cuando solía quejarme con mi marido, él me decía, "Joyce, no voy a tenerte lástima".

"No trato de que me tengas lástima", protestaba.

"Sí que lo estás intentando", me contestaba. "Y me niego a hacerlo, porque si lo hago, jamás lograrás sobreponerte a tus problemas".

Me ponía tan furiosa cuando me hablaba así, que podría haberlo descuartizado. Nos enojamos con los que nos dicen la verdad. La verdad es que antes de mejorarnos, tenemos que *de veras* querer ser sanos en nuestro cuerpo, alma y espíritu. Tenemos que desearlo tan profundamente que estaremos dispuestos a escuchar y a aceptar la verdad.

Dios obra de manera diferente con cada persona. Cada uno de nosotros debe aprender a seguir el plan de Dios que Él ha programado a nuestra medida. Cualquiera que sea nuestro problema, Dios ha prometido suplir nuestra necesidad y recompensarnos por nuestra pérdida. Encarar la verdad es la llave que abrirá las puertas de la prisión que nos ha mantenido cautivos.

La justicia de Dios

En lugar de vuestra doble confusión y de vuestra deshonra, os alabarán en sus heredades; por lo cual en sus tierras poseerán doble honra, y tendrán perpetuo gozo.

—Isaías 61:7

El DRAE define la palabra *heredad* como "porción de terreno cultivado perteneciente a un mismo dueño, herencia." El *Diccionario Larousse* define *herencia* como "bienes que se transfieren a uno por sucesión". Así que cuando el profeta dice que el Señor nos dará "heredades", significa que nos compensará por la confusión, la deshonra y el reproche que hemos sufrido. Quiere decir que el Señor nos compensará por nuestras pérdidas, por las heridas que hemos sufrido a lo largo de la vida.

La Biblia dice en Romanos 12:19, "No os venguéis vosotros mismos, amados míos, sino dejad lugar a la ira de Dios; porque escrito está: Mía es la venganza, yo pagaré, dice el Señor".

Uno de los errores más graves que cometemos es intentar vengarnos, darle al otro su merecido, equilibrar la balanza de la justicia, en vez de confiar en que Dios se encargará de hacerlo por nosotros. Si intentamos hacerlo nosotros mismos, terminaremos en tremendo lío.

Cuando la Biblia habla de compensación y de justicia, sencillamente quiere decir que usted y yo recibiremos lo que nos corresponde, aquello a lo cual tenemos derecho.

Ahora, en calidad de hijos de Dios que han sido comprados con la sangre de Su propio Hijo, sabemos que, siempre y cuando confiemos en el Señor y le obedezcamos, y nos arrepintamos de nuestros pecados y de nuestros fracasos, no recibiremos lo que nos correspondería en cuanto al castigo propio de nuestros pecados, sino que seremos recompensados por nuestra justicia. Jesús llevó nuestro castigo, a cambio, nosotros recibimos Su herencia.

En el Salmo 37:1, 2 dice la Biblia: "No te impacientes a causa de los malignos, Ni tengas envidia de los que hacen iniquidad. Porque como hierba serán pronto cortados, Y como la hierba verde se secarán".

"El amor de Dios ha sido derramado en nuestros corazones por el Espíritu Santo", (Romanos 5:5). No queremos que nadie sea cortado ni se seque, aún los que nos han hecho daño. Doy gracias a Dios que en mi vida he llegado al punto de que no quiero que los que me atormentaron vivan una vida miserable. Sin embargo, Dios nos ha prometido que a los que le pertenecemos y seguimos, Él se encargará de que algún día los que nos hirieron paguen por pecar contra nosotros, a menos que lleguen al arrepentimiento. Pero será Dios quien nos recompensará, si confiamos en Él.

Muy a menudo los creyentes no parecen darse cuenta de que no les corresponde tomar cartas en el asunto. Muchos están enojados por lo que le han hecho, y esa ira se manifiesta de muchas maneras destructivas.

Parte del problema estriba en que, como cristianos, aún no hemos aprendido que la vida trae desilusiones. La primera parte del Salmo 34:19 dice, "Muchas son las aflicciones del justo". Aunque somos hijos de Dios, no todo saldrá como queremos, y no todos nos tratarán como nos gustaría ser tratados.

Mas la Biblia enseña que si seguimos confiando en Dios a pesar de lo que nos pueda llegar a ocurrir, si mantenemos firmes los ojos puestos en Él y depositamos nuestra fe y confianza en Él, será Él quien equilibre las balanzas. La segunda parte del Salmo 34:19 dice, ¡"...pero de todas ellas le librará Jehová"! La hora llegará en que todas las cosas caerán en su lugar. Nuestros enemigos serán recompensados por todas sus artimañas, y nosotros recibiremos una doble porción por todo lo que hemos perdido y sufrido.

Vale la pena esperar que se cumpla la verdadera justicia.

Una gran recompensa

Después de estas cosas vino la palabra de Jehová a Abram en visión, diciendo: No temas, Abram; yo soy tu escudo, y tu galardón será sobremanera grande.
—Génesis 15:1

En este pasaje vemos que el Señor viene donde Abraham y le promete que si le es fiel y obediente, que Él mismo sería su mayor recompensa y galardón. Más tarde en Gálatas 3 se nos indica que la bendición de Abraham no era sólo para él, sino para beneficio de todos los que somos herederos de Abraham mediante la fe en Jesucristo, el Hijo de Dios.

Cada uno de nosotros puede ser igual de bendecido que Abraham, si somos igual de fieles y obedientes.

En nuestro ministerio, mi marido y yo tenemos una vida maravillosa. ¡Dios es tan bueno para con nosotros! Las cosas nos salen tan bien tan a menudo que me siento como la princesa de un cuento de hadas. Me sorprendo de todo lo que Dios ha hecho cuando pienso, "Heme aquí, viajando por todo el mundo, la gente viene a escucharme, estoy en radio y televisión, y Dios me abre puertas dondequiera que voy, ¡cuán bendecida soy!"

Dios lo bendecirá a usted también, si camina en sus caminos y confía en que Él será su recompensa, su galardón, el que lo vindica y justifica. Antes de que me llovieran las bendiciones, tuve que aprender a dejar que fuera Dios quien se encargara de cada situación.

En Génesis 12:3, como parte del pacto que el Señor formó con Abraham, Dios le dijo que si le obedecía, iba a bendecir a los que lo bendijeran y maldecir a los que lo maldijeran.

Si deja de sentirse enojado por todas las cosas que le han sucedido, y desiste de buscar vengarse de todos los que le hicieron daño, ¡el Dios de toda justicia se encargará de saldar las cuentas y equilibrar la balanza de pagos!

Por años me la pasé lamentándome por mi pasado y

todas las cosas injustas que me habían hecho los demás durante el transcurso de mi vida. Por años le preguntaba al Señor, "¿Por qué a mí, Señor? ¿Por qué me tuvo que pasar esto a mí, Señor?" Me estaba enloqueciendo planteándome esa pregunta porque sentía lástima de mi misma.

A la larga el Señor me habló y me dijo, "Joyce, puedes ser lastimosa o puedes ser poderosa, ¿cuál de las dos cosas quieres ser?"

Todos ponemos de manifiesto lo que nos ha ocurrido en la vida. Las experiencias vividas en el pasado son la causa de la mayoría de nuestras actitudes y comportamiento negativos. Mientras puede ser la razón de ser de *cómo* somos hoy por hoy, no es razón valedera para *quedarnos* de esa manera.

Dios nos dice a cada uno de nosotros, hoy, "Si confías en Mí lo suficiente como para entregarme tu pasado y permitir que sea Yo quien lidie con él, te voy a recompensar por ello. Deja de intentar hacerlo por tí mismo, ¡lo único que haces es empeorar las cosas!"

Uno de los factores más importantes de dejar las cosas en manos de Dios tiene que ver con el perdón, tema que detallaremos más adelante.

Un hombre me dijo una vez, "Estoy encargado de un centro de asesoramiento, y el problema número uno con el que tenemos que lidiar es la falta de perdón".

Dada mi vida y mi ministerio, sé que es verdad. Aunque hemos escuchado muchos mensajes sobre el tema del perdón, aún no hemos aprendido a encararlo. Si no lo hacemos, las balanzas de la justicia jamás llegarán al equilibrio, y nunca experimentaremos la plenitud de vida abundante que Dios quiere darnos.

Si aprende a confiarle al Señor todo su pasado, Él ha prometido recompensar a los que le han causado desdicha y sufrimiento (aunque Dios recompensa de manera muy distinta a la que uno se imagina), y le compensará el doble por las aflicciones vividas. ¿No le parece que vale la pena renunciar a las heridas del pasado a cambio de obtener una recompensa y un galardón tal?

Los dos caminos

Entrad por la puerta estrecha; porque ancha es la puerta, y espacioso el camino que lleva a la perdición, y muchos son los que entran por ella; porque estrecha es la puerta, y angosto el camino que lleva a la vida, y pocos son los que la hallan.

—Mateo 7:13, 14

Vimos que Jesús dijo "Yo soy el camino". En este pasaje habla de dos caminos distintos, el ancho que lleva a la destrucción y el angosto que lleva a la vida.

Conforme meditaba sobre este pasaje, el Señor avivó en mí el significado del mismo diciéndome, "Joyce, en el camino ancho hay lugar de sobra para todo tipo de cosas carnales, tales como la amargura, la falta de perdón, el resentimiento y el deseo de venganza. Pero en el camino angosto sólo hay lugar para que quepa el Espíritu".

En la carne resulta fácil tomar el camino fácil, hacerlo hace que uno se sienta bien en ese momento, pero su fin es la destrucción. Es mucho más difícil tomar el camino angosto que lleva a la vida.

Las emociones nos arrastran a tomar por el camino fácil, a hacer lo que nos complace por ahora. La sabiduría nos guía a tomar por el camino difícil que lleva a la vida.

La interrogante es: ¿qué camino escogeremos?

¡Dios quiere ser bueno con usted!

Por tanto, jehová esperará para tener piedad de vosotros, y por tanto, será exaltado teniendo de vosotros misericordia; porque Jehová es Dios justo, bienaventurados todos los que confían en él.

—Isaías 30:18

Note nuevamente que ¡Dios es un Dios de justicia! ¡Espera, está a la expectativa, busca y anhela hacerle el bien!

Hebreos 6:10 dice, "Porque Dios no es injusto para olvida vuestra obra y el trabajo de amor que habéis mostrado hacia su nombre...". Esta es la razón por la cual los que esperamos en Él fervorosamente somos bendecidos.

Dios está en el cielo esperando hacerle el bien a usted y a mí. Es un Dios de misericordia y justicia, no de ira y castigo. Él desea equilibrar las balanzas de nuestra vida, y recompensarnos por todas las heridas y lastimaduras que hemos sufrido, cualesquiera que hayan sido.

No importa cuál sea su presente situación, o su experiencia pasada, ¡Dios quiere hacerle el bien! Él ha trazado un plan excelente para su vida.

¡Siga caminando!

Entonces tus oídos oirán a tus espaldas palabra que diga: Este es el camino, andad por él; y no echéis a la mano derecha, ni tampoco torzáis a la mano izquierda.
—Isaías 30:21

A pesar de lo que pueda haberle sucedido en la vida, aún si su cónyuge le ha abandonado, o lo hayan maltratado sus padres, o sus hijos, u otra persona, si usted sigue por ese camino estrecho y deja atrás todo el exceso de equipaje, tarde o temprano hallará la paz, el gozo y la satisfacción que busca.

Jesús es el camino, y nos ha mostrado de qué manera debemos caminar. El Señor ha enviado a su Espíritu Santo para guiarnos al camino por el cual estamos supuestos a andar, el camino angosto que lleva a la vida y no el ancho que lleva a la destrucción.

Tenemos que seguir andando en los caminos del Señor: "No nos cansemos, pues, de hacer bien; porque a su tiempo segaremos, si no desmayamos", (Gálatas 6:9).

La Biblia no promete que cuando hagamos el bien vamos a cosechar de inmediato la recompensa, pero sí nos asegura que si continuamos haciendo lo correcto, con el tiempo seremos galardonados.

Dios dice, "Mientras la tierra permanezca, no cesarán la sementera y la siega..." (Génesis 8:22). Podríamos parafrasear este versículo de la siguiente manera: "Mientras la tierra permanezca, habrá temporadas de *siembra*, de *espera*, y de *cosecha*". Tenemos que ser igual de pacientes que el agricultor, quien planta la semilla y permanece *a la expectativa* de la cosecha. Espera ansiosamente y habla acerca de la cosecha.

Si usted continúa por el camino que el Señor ha preparado para usted en Su Palabra y por Su Espíritu, tanto en esta vida como en la eternidad, disfrutará de la recompensa que recibirá por *todo* lo que ha sufrido.

Así que siga caminando por el camino angosto que lleva a la vida, ¡vida plena y abundante!

3

Sanidad de las heridas emocionales, Parte 2

En este capítulo investigaremos los pasos a los cuales el Espíritu Santo nos guía para sanar las emociones dañadas.

La primera vez que tuve conciencia de estos pasos fue cuando el Espíritu Santo me guió a ellos para sanarme de los daños emocionales que había sufrido en mi niñez cuando había sido maltratada.

Creo que le ayudarán también a usted conforme vaya en pos de la victoria sobre sus problemas emocionales y la restauración de su espíritu quebrantado.

Paso 1: Enfréntese a la verdad

Dijo entonces Jesús a los judíos que habían creído en él: si vosotros permaneciereis en mi palabra, seréis verdaderamente mis discípulos; y conoceréis la verdad, y la verdad os hará libres.

—Juan 8:21, 32

Si usted ha de recibir sanidad para sus emociones, una de las primera cosas que debe aprender es a enfrentarse a la verdad.

De ninguna manera puede ser liberado si a propósito se rehusa a reconocer la verdad. No puede pretender ni que esas cosas negativas no le hayan pasado, ni que no han ejercido influencia alguna sobre su vida y que sus reacciones actuales no se fundamentan en ellas.

A menudo la persona que ha sufrido maltrato o alguna otra tragedia en su vida intenta actuar como si nunca le hubiera sucedido eso.

Por ejemplo, supongamos que una joven se hizo un aborto o fue madre soltera y dio a su hijo en adopción. Esta experiencia traumática puede afectarla negativamente y dejarle cicatrices que se abrirán más tarde en la vida, debido a que ella desarrollará opiniones y actitudes acerca de sí misma a la luz de sus acciones.

De igual manera, una persona que ha sufrido maltrato verbal o físico o sido víctima del abuso sexual puede desarrollar una autoimagen negativa bajo el concepto erróneo de que, si fue maltratada, debe haber sido porque había algo malo en ella o que de alguna manera se lo merecía.

A raíz de mi propia experiencia, además de los años que llevo ministrando a otros, he concluido que los seres humanos somos increíblemente hábiles para construir muros y para sofocar y esconder las cosas en rincónes oscuros y hacer de cuentas que jamás sucedió nada.

Durante los dieciocho años de mi juventud que viví siendo maltratada en un ambiente abusivo, tuve que enfrentarme al hecho de que lo que me estaba sucediendo, de hecho, era real. Pero tan pronto salí al mundo y me alejé de esa situación, me comporté como si jamás hubiera pasado nada. De hecho, vivía una vida doble. Nunca le mencioné a nadie lo que ocurría en mi vida personal.

¿A qué se debe que no queramos sacar esas cosas a la luz?

Porque tenemos miedo de lo que la gente pueda llegar a pensar, de que se nos rechaze, de que seamos mal interpretados, de perder el amor de nuestros seres queridos que pueden cambiar de opinión acerca de nosotros si supieran cómo somos realmente.

Es maravilloso tener de amigo a Jesús porque no tenemos nada que esconderle. De todos modos, Él ya lo sabe todo. Siempre podemos ir donde Él y sabemos que siempre nos va a amar y a aceptar, a pesar de lo que hayamos sufrido y cómo hayamos reaccionado ante ese sufrimiento.

Debemos recordar que Dios lo sabe *todo*. La Biblia dice que sabe aún las palabras de nuestra boca antes que las pronunciemos siquiera (Salmo 139:1–4).

Cuando recién conocía al Señor, antes de aprender que era imposible esconderle algo, estaba orando y comencé a preguntarme si debía o no mencionarle algo que había en mi corazón.

Mientras debatía conmigo misma, Dios me habló y me dijo, —Joyce, yo ya estoy al tanto de todo.

—Bueno, pues, entonces porqué mencionártelo ¿si Tú ya lo sabes?—, le pregunté.

¿Saben por qué es necesario que compartamos con el Señor lo que ocurre en nuestro corazón y en nuestra vida? ¡Porque Él quiere que lo saquemos a relucir! Forma parte del proceso de sanidad.

Si está teniendo problemas en su vida en la actualidad, sea cuales fueren, entonces enfréntese a la verdad, y reconózcalo ante el Señor en oración. Pídale al Espíritu Santo que lo sane, y comenzará a guiarlo y a llevarlo por un proceso de sanidad.

Paso 2: Confiese sus faltas

Confesaos vuestras ofensas unos a otros, y orad unos por otros, para que seáis sanados. La oración eficaz del justo puede mucho.

—Santiago 5:16

Me parece que a la larga hay cabida para que compartamos con otra persona lo que ha ocurrido en nuestra vida. Poner en palabras y expresar a otra persona lo que nos pasa obra maravillas en uno mismo.

Pero hay que ser sabio y dejar que sea el Espíritu Santo quien lo guíe. Escoja a alguien en quien pueda confiar. Asegúrese de que al compartir su carga, usted no la deposite sobre esa persona. Tampoco es necesario que se ponga a ahondar y a sacar a la superficie heridas antiguas que hace mucho que yacían enterradas y olvidadas.

Por ejemplo, si su abuelo abusó sexualmente de usted hace cuarenta años y ahora su abuela tiene ochenta y cinco años de edad, no vaya a verla para decirle lo que ocurrió hace tantos años. No sería sabio hacerlo. A usted le ayudaría a romper con eso, pero a ella le caería la carga.

También resulta importante ser sabio y equilibrado en estos asuntos. Si va a compartir sus problemas con alguien, deje que Dios le muestre a quién escoger como confidente. Escoja a un creyente maduro, alguien que no va a hundirse por el peso de la carga ni sufrir daños por lo que usted comparta, o que vaya a utilizarlo para hacerle daño a usted o hacerlo sentirse mal.

Muchas veces cuando uno comparte al fin con alguien esas cosas que han estado tan escondidas durante años, uno siente un gran alivio, en especial cuando descubre que la persona con la cual las comparte lo acepta a uno y lo sigue amando, a pesar de ellas.

Cuando finalmente tuve la valentía suficiente para compartir con alguien lo que me había ocurrido en mi niñez, temblaba violentamente cada vez que intentaba hablar al respecto. Sentía como si me diera un fuerte escalofrío. Se trataba de una reacción emocional a las cosas que llevaba escondidas en lo más recóndito de mi ser por tan largos años. El miedo me hacía temblar.

Ahora, cuando hablo de mi pasado, es como si estuviera hablando de los problemas de otra persona. Debido a que he sido sanada y restaurada, mi pasado ya no me incomoda. Sé que soy una nueva criatura en Cristo (2 Corintios 5:17).

Con frecuencias en las reuniones la gente se me acerca para compartir las cosas que les ocurrieron hace veinte, treinta, o aún hace cuarenta o cincuenta años atrás. A menudo lloran y sollozan al sacar a la luz esas verdades tan horribles. Creo que muchos de ellos son liberados totalmente al darse cuenta que pueden hablar de estas heridas y sin embargo, seguir siendo aceptados.

Les digo, "Dios le ama y acepta, y yo también le amo y acepto. Lo que le ocurrió a usted en su pasado no hará diferencia con sus amigos cristianos".

Paso 3: Admitase la verdad a usted mismo

He aquí, tú amas la verdad en lo íntimo,
Y en lo secreto me has hecho comprender sabiduría.
—Salmo 51:6

Dios quiere que nos enfrentemos a la verdad desde lo más íntimo de nuestro ser, y entonces, que la confesemos de la manera adecuada ante la persona idónea. A veces resulta que es uno mismo quien más tiene la necesidad de escucharla.

Cuando las personas vienen donde mí para que les ayude con este aspecto, muchas veces les digo, "Mírese al espejo y confiésese a usted mismo el problema". A lo mejor su problema es que sus padres no le amaron de niño. "¿Cómo podría yo jamás decirle eso a otra persona?", se preguntará para sí. Puede hacerlo con la ayuda del Espíritu Santo que vive en su interior.

Creo que para poder seguir adelante, tenemos que enfrentarnos a los hechos. Si es verdad que sus padres no lo amaban, ni le demostraron cariño, necesita enfrentarse de una vez a la realidad. Necesita mirarse al espejo y decir, "Mis padres no me amaron, es más, quizás nunca lo hagan".

Hay quienes pasan la vida entera intentando obtener algo que nunca podrán tener. Si usted ha permitido que el hecho de que sus padres no lo han amado haya arruinado su vida hasta ahora, no permita que le arruine el resto de su vida.

Haga lo que el rey David hizo en el Salmo 27:10 y confiese para sí, *Aunque mi padre y mi madre me hayan dejado, Con todo, Jehová me recogerá [me adoptará como hijo suyo].*

Sea cual fuere el problema que lo acosa, encárelo, piense en confesárselo a alguien de confianza, y entonces admítaselo a usted mismo en lo más recóndito de su ser.

Supe de un médico que, por ciertas temporadas de su vida, abandonaba su práctica para convertirse en un mendigo callejero. Cuando luego de muchos años alguien al fin dió con la causa del problema de este doctor, salió a la luz que toda la vida había estado buscando que su padre le diera palabras de aprobación y lo aceptara, cosa que nunca hizo, pues el padre siempre lo rechazó.

Había trabajado arduamente para llegar a ser médico, pensando que de esta manera lograría la aceptación que tanto anhelaba. Cuando no le funcionó, trabajó con mayor ahínco para desarrollar un exitoso consultorio pensando que, seguramente entonces su padre estaría orgulloso de él. Iba a ver a su padre, compartía sus logros y galardones, sólo para ser rechazado nuevamente.

Cuando intentamos por todos los medios lograr un objetivo y fracasamos, pasamos por temporadas durante las cuales sentimos una fatiga física, mental y emocional. Era durante estas temporadas que el doctor sufría un desequilibrio emocional y dejaba su exitoso consultorio para vivir en la calle como un pordiosero.

Al enfrentarse a la verdad de que su padre tenía un problema y era incapaz de demostrar amor, ¡el doctor fue restaurado a un estado de plenitud mental y emocional!

Paso 4: Reciba el perdón y deje atrás su pecado

...porque perdonaré la maldad de ellos, y no me acordaré más de su pecado.
—Jeremías 31:34

No importa cuál sea su problema ni cuán mal se sienta

como resultado, Dios le ama. En Jesucristo Él le ha dado vida nueva. Le ha dado una nueva familia y nuevas amistades para amar, aceptar, apreciar y apoyarlo. Usted está bien, y va a salir adelante porque Aquel que vive en su interior cuida y se interesa por usted.

Es posible que tenga que mirarse a sí misma y confesar, "Me hice un aborto. Yo lo hice, Señor, y me maravilla el hecho que puedo mirarme a los ojos ahora, pero puedo hacerlo porque sé que, aunque cometí un acto indecible y tan errado, ¡Tú haz hecho alejar mi pecado de mi cuanto está lejos el oriente del occidente!"

A pesar de lo que hayamos hecho, tenemos que experimentar una revelación más profunda de lo que Dios quiere decir al declarar: "no me acordaré más de su pecado".

Una vez que hayamos confesado nuestros pecados y le hayamos pedido perdón a Dios, si continuamos haciendo mención de ellos cada vez que oramos, le recordamos aquello de lo cual Él prometió que olvidaría; algo que ha alejado de nosotros cuanto está lejos el oriente del occidente (Salmo 103:12).

Luego de confesarle a Dios sus pecados y haberle pedido que se los perdone, no sólo le ha *perdonado*, sino que hasta se ha *olvidado* de ellos.

Usted debe hacer otro tanto. Deje de autocastigarse por algo que ya dejó de existir.

Paso 5: Reconozca que ahora es una nueva criatura

De modo que si alguno está en Cristo, nueva criatura es; las cosas viejas pasaron; he aquí todas son hechas nuevas.

—2a Corintios 5:17

En mi pasado cometí muchos actos de los cuales estoy avergonzada. Por ejemplo, cuando era niña era una ladrona cualquiera. Hurtaba todo lo que podía. Es horrible, pero, claro está, ahora no robo y por eso no me hago la vida imposible por lo que solía hacer. Creo que la razón por la cual me robaba cosas era porque me maltrataban y robar me hacía sentir que tenía cierto control, en vez de siempre ser controlada por la situación y por los demás.

También durante una época de mi vida fui camarera en una cantina, pero ahora sirvo un Vino Nuevo y no me preocupo de mi comportamiento pasado.

Como ve, es un poderoso testimonio poder admitir lo que éramos en el pasado, pero al mismo tiempo testificar que nuestro hombre viejo, la persona que antes éramos, ha muerto y que somos una nueva persona en Cristo.

La Biblia dice que el hombre viejo murió y fue enterrado pero ahora ha resucitado a una vida nueva, para que usted y yo podamos sentarnos en los lugares celestiales con Cristo Jesús (Efesios 2:5,6).

¿Porqué entonces debo yo sentirme avergonzada al admitir algo que sucedió en mi vida anterior? ¡No me causa problema alguno hablar de alguien que ya ha muerto!

Si usted y yo somos nuevas criaturas en Cristo y lo viejo ha pasado, ¡tenemos que dejarlo atrás!

No importa lo que haya vivido usted en el pasado, ni cómo lo hayan tratado, debería sentirse en la entera libertad de mirar a cualquiera y decir: "Así era yo, y esto es lo que hice, pero gracias a Dios, soy una nueva criatura en Cristo. ¡Ya no soy así! ¡Es increíble el cambio que Dios ha traído a mi vida!"

Paso 6: Responsabilícese personalmente

Si confesamos nuestros pecados, él es fiel y justo
para perdonar nuestros pecados, y limpiarnos de toda
maldad. Si decimos que no hemos pecado, le hacemos a
él mentiroso, y su palabra no está en nosotros.
—1 Juan 1:9, 10

Algunas personas están atrapadas porque se niegan a

reconocer la verdad, por miedo a lo que podría ocurrir si los demás se enteran. Pero siempre y cuando nieguen el pasado, nunca serán libres.

Nadie puede ser liberado de un problema hasta que esté dispuesto a admitir que existe. Un alcohólico, un drogadicto o cualquiera que haya perdido el dominio sobre su ser está destinado a sufrir hasta que logre confesar, "Tengo un problema y necesito ayuda para vencerlo".

En vez de asumir la responsabilidad propia de nuestro problema, por lo general lo que hacemos es culpar a los demás. No estar dispuesto a encarar y a aceptar responsabilidad es ser inmaduro.

He aprendido mucho de nuestro hijo más pequeño. Es tan dulce y yo estoy tan agradecida de que Dios nos lo encargó a nosotros. Me mantiene joven y alerta.

Aunque Danny ahora es nacido de nuevo y lleno del Espíritu Santo, cuando era niño actuaba completamente en la carne. Evidencia de ello era que nunca quería asumir la responsabilidad de su mal comportamiento. No importa lo que sucediera, la culpa nunca la tenía Danny.

Una vez viajaba con él en la furgoneta y miré atrás para ver qué estaba haciendo. Toda la parte de atrás estaba llena de porquerías: migas y bolsitas de papas fritas, una lata aplastada de Coca-Cola y toda clase de basura.

Dije, —¡Danny, qué barbaridad, hazme el favor de limpiar ese reguero que tienes ahí!

—¡No es culpa mía!— gritó.

—Ah, ¿no? ¿Y entonces, de quién es?—le pregunté. —¡No soy yo quien va sentada atrás!

—Bueno, ¡fue papá quien me dio la lata y las papitas!—, explicó.

Aunque había sido él quien había tomado lo que se le había dado y lo había desparramado por todos lados, la culpa no era de él, sino de su papá, por haberle dado esas cosas. Por eso pudo sacarse de encima la responsabilidad y pasársela a otro.

¡Todos nos comportamos de igual manera en nuestra vida!

Hace un tiempo había aumentado de peso sin darme cuenta. Cuando me vestía me quejaba con mi marido de la señora que me ayudaba con el lavado de la ropa.

—¿Pero qué es lo que está haciendo con mi ropa?, exclamaba. La está arruinando, ¡está encogiéndomela toda! ¡Le dije que no la pusiera en el secador automático, sino que la enviara a la tintorería!

Si se trataba de una ropa que sí había sido enviada a la tintorería, entonces decía, "¡Pero qué le pasa a esa gente, que me encoge de tal manera la ropa!" ¡Le estaba echando la culpa a los demás de que la ropa no me sentara bien!

Seguí insistiendo hasta el día en que me subí a la báscula y ví que había aumentado de peso. De golpe me di cuenta, no era que la ropa se estaba encogiendo, ¡era yo que estaba aumentando!

Tuve que decirme a mí misma, "Joyce, has engordado ¡porque estás comiendo demasiado!"

Al igual que tuve que hacer frente a la verdad y aceptar la responsabilidad por mis acciones en esa situación, cada uno de nosotros tiene que encarar la verdad acerca de sí mismo y asumir la responsabilidad por nuestros problemas y por resolverlos.

Aunque los problemas nos hayan acontecido por algo que nos fue hecho en contra de nuestra voluntad, no tenemos excusa alguna para permitir que permanezcan ni que crezcan hasta dominar nuestra vida entera. Es posible que las experiencias que tuvimos en nuestro pasado nos hayan formado en lo que somos hoy, pero no tenemos por qué quedarnos así. Podemos tomar la iniciativa y empezar a tomar pasos para cambiar.

Paso 7: Siga el Espíritu de verdad

Pero cuando venga el Espíritu de verdad, él os guiará a toda la verdad...

—Juan 16:13

Como hemos visto, para ser sanados tenemos que enfrentarnos a la verdad, a la realidad, y reconocer la situación en la cual nos encontramos. Tenemos que dejar de culpar a los demás por todo lo que anda mal en nosotros. Intentar echarle la culpa al pasado por cómo somos en la actualidad ni siquiera es saludable.

Solía tener problemas para llevarme bien con las personas, y estaba segura de que se debía a la forma en la cual me habían tratado cuando era joven. Pero cuando empecé a pedirle al Señor que me sanara, comenzó a revelarme la verdad respecto a mí y a mi situación.

Una de las cosas que me reveló fue que cada vez que el Espíritu Santo me mostraba algo acerca de mí misma que no me gustaba, mi reacción inmediata era siempre, "Sí, pero…".

El Señor me mostró que la excusa cubre la raíz del problema para que nunca pueda ser expuesto y, por ende, resulta imposible liberar a la persona.

Cuando alguien lo corrige, ¿hace usted lo que solía hacer yo, y da una excusa, o se enfrenta usted a la realidad y admite que hizo mal? Confesar que estamos equivocados es una de las cosas más difíciles de hacer en la vida.

Una vez mi esposo volvió tarde a casa después de jugar al golf, aunque había prometido estar de vuelta para la hora de la cena. Para cuando llegó, ya yo había preparado detalladamente el sermón que le iba a dar. De inmediato me le enfrenté, diciéndole que si iba a llegar tarde, debería llamarme y dejármelo saber. Estaba preparada para soltarle toda una sarta de palabras cuando me miró y me dijo: "Tienes toda la razón". Me echó a perder el argumento completamente. Entonces añadió, "Voy a orar y pedirle a Dios que me ayude a no hacerlo más". No me quedaba palabra por decir. Al él decir la verdad evitó que entráramos en una pelea más grande.

Mas sin embargo, cuando Dios intenta decirnos que estamos haciendo algo mal, se nos hace en extremo difícil responder, "Señor, tienes toda la razón. No tengo excusa alguna. Te pido que me perdones y me ayudes a sobreponerme a esta falta".

Creo que ese tipo de franqueza en nuestra relación con Dios y con los demás evita que el enemigo haga de las suyas en nuestra vida. Pienso que Satanás no sabe qué hacer con ese tipo de verdad sincera, igual que yo no supe qué hacer luego de que Dave me hablara de esa manera. La verdad pone fin al reinado de Satanás.

La sanidad interior versus la sanidad emocional

Y yo rogaré al Padre, y os dará otro Consolador, para que esté con vosotros para siempre: el Espíritu de verdad, al cual el mundo no puede recibir, porque no le ve, ni le conoce; pero vosotros le conocéis, porque mora con vosotros, y estará en vosotros.

—Juan 14:16, 17

En Juan 16:13 Jesús llama al Espíritu Santo el "Espíritu de Verdad". Aquí en este pasaje nos dice que este Espíritu ha sido enviado para morar en cada uno de nosotros. Si el Espíritu de Verdad vive dentro nuestro, ¿en qué consiste entonces su función primordial? Según Jesús, es la de guiarnos a toda verdad.

Hay una enseñanza dentro de la iglesia de la cual siento que debo advertirles, aunque muchos creyentes no estarán de acuerdo con mi punto de vista. Me refiero a la "sanidad interior".

Estoy a favor de la sanidad interior, pero prefiero llamarla "sanidad emocional" para separarla de lo que se está enseñando y practicando en algunos círculos cristianos en la actualidad.

Considero que la motivación del mensaje de sanidad interior es correcta. Los que la enseñan y la practican quieren ayudar a las personas, pero, sinceramente, soy de la opinión que algunas de sus técnicas son muy peligrosas.

La sanidad interior es un método que se utiliza para

sanar las heridas del pasado. La mayoría de las veces es muy eficaz, pero tenemos que darnos cuenta que de vez en cuando funcionan métodos que no vienen de Dios.

Permítame mencionarle una ilustración. Tenía una amiga mía que hacía meditación trascendental cuando fue salva. Fue donde su pastor porque tenía dudas al respecto y él le dijo que no veía problema alguno y añadió, "si funciona, déjamelo saber".

Esta mujer iba en pos de la paz, así que estaba abierta a cualquier cosa que la ayudara a lograrla. Conforme se fue adentrando en este movimiento, aprendió que hay que utilizar una meditación oriental donde hay que repetir una *mantra*, que es una incantación o invocación mística según el Hinduismo.

Según ella y los otros partícipes se sentaban a meditar, repitiendo esta invocación o incantación, empezaban a entrar en un trance. Se suponía que con el tiempo progresaran hasta el punto en que se les aparecieran seres místicos o "guías espirituales" que les darían instrucciones y los guiarían.

Debido a que ya era salva, mi amiga pensó que si éste método era espiritualmente razonable, seguiría siendo eficaz si ella reemplazaba su mantra con el nombre de Jesús. Así que entró en el trance y comenzó a repetir el nombre Jesús. De repente un espíritu le pegó tan fuerte que la tiró de un lado de la sala al otro, y ¡en seguida se dio cuenta de que algo andaba muy mal! Rápidamente cortó todos sus vínculos con ese movimiento y regresó a su iglesia cristiana. Fue muy sincera en buscar la paz, pero sinceramente equivocada en el método con el cual intentaba conseguirla.

Otra amistad tuvo una experiencia similar mientras experimentaba con un sistema popular de control mental que goza de una amplia aceptación.

Todo este tipo de método autodenominado sanidad o ilustración interior están fuera de la Iglesia de Jesucristo y deben evitarse a toda costa.

—¿Porqué?—, se preguntará usted. —¿Qué tiene de malo visualizar sanidad, consuelo, perdón y restauración?

Sí, *suena* muy bonito. Parece como si cayera dentro del marco filosófico de la Iglesia. Es por eso que hay tantos que participan de esos movimientos a causa de su desesperación. No se detienen un momento para pensar "¿Está acorde con la Escritura?" La realidad es que ninguno de estos sistemas o métodos se encuentran para nada en la Palabra de Dios.

El error principal que veo es el papel tan importante que desempeñan en estos métodos la visualización o la imaginación. En calidad de cristianos, es Jesús quien debe siempre asumir el papel más importante en todo cuanto hacemos, y no figuras místicas provenientes de la imaginación y del ocultismo.

Otro error que quiero traer a colación en cuanto a este tipo de sanidad interior es el hecho de que es la persona y no el Espíritu Santo quien da inicio a la sanidad. En algunos de estos métodos es la persona quien tiene que entrar en algún tipo de estado en la meditación donde limpia la mente y comienza a visualizar, retrocediendo en el tiempo al momento en el cual resultó herida emocionalmente.

A veces estas progresiones retroactivas llegan hasta el estado de gestación en el útero materno, o al momento mismo del alumbramiento. Se le indica al que participa que debe volver a vivir en su mente el momento en el cual resultó herido emocionalmente, visualizando que Jesús entra a la situación y trae sanidad a ese evento traumático.

El único problema está en que, en mi opinión, el Jesús que se presenta en el lugar de los hechos en esos casos es sencillamente producto de la imaginación de la persona y no el verdadero Jesús del cual habla la Biblia.

Hace poco leí la biografía de un hombre que pensaba que Jesús se le aparecía. Tuvo tres visiones de quien él creía ser Jesús. La figura que él vio en estas visiones estaba rodeado por una gran luz que producía en él un sentimiento de paz y bienestar temporeros. Entonces la figura comenzó a hablarle y a darle directivas e instrucciones.

Una de las cosas que este hombre de hecho fue *forzado* a

hacer, fue de ir a la playa a testificar a los demás. La voz claramente le indicó que esto era algo que tenía que hacer, le gustara o no, ¡y tenía que hacerlo de inmediato!

Si este hombre tuviera conocimiento de la Palabra de Dios se hubiera dado cuenta al momento de que el encuentro que estaba teniendo no era con Dios. Dios no fuerza a sus hijos a que hagan nada. El los guía mediante su Espíritu Santo, pero siempre lo hace de una manera suave y tierna. A nadie se le coacciona para forzarlo a hacer algo, ¡como si de ello dependiera su salvación!

¿Sanidad o engaño?

He recibido del Señor Jesucristo una sanidad verdaderamente increíble. Pero para recibir esa sanidad no tuve que pasar por ningún método ni técnica prescrito ni practicado por el popular movimiento de sanidad interior. Sólo permití que el Espíritu Santo me guiara.

Si usted ora y le pide a Dios que le ayude a ser sanado en sus emociones, Él mismo será quien lo guiará. Él tiene para cada uno un plan hecho a la medida, y siempre estará acorde a la Escritura.

Por ejemplo, hace unos años atrás estaba orando que el Señor sanara mi vida angustiada. Durante esta temporada de oración, vino a nuestra iglesia una señora y compartió su testimonio. Su trasfondo y experiencia eran casi idénticas a la mía. Mi esposo lo reconoció y me aconsejó que comprara el libro que ella había escrito sobre el tema.

Así lo hice, y comencé a leer. Esta señora, que hoy está en el ministerio, comenzó a revivir algunos de los eventos que habían tenido lugar en su vida. De repente comencé a tener recuerdos. Me di cuenta que era el Espíritu Santo quien estaba trayendo a mi mente esas escenas de mi vida para ayudarme a lidiar con ellas y recibir sanidad.

Es de esta manera que funciona la verdadera sanidad emocional. Es iniciada por el Espíritu Santo, no por algo que evoca o hace aparecer la persona que busca ayuda.

Si usted necesita sanidad emocional, no intente evocar ni hacer aparecer algo que le haga sentirse mejor. Vaya al Señor y pídale que lo guíe por medio del Espíritu Santo por los caminos que debe andar. Entonces, prepárese para hacerle frente a lo que Él quiere que encare para que sea restaurado plenamente.

No permita que nadie le convenza de sacar a la luz cosas de su pasado con las cuales quizás no esté preparado para enfrentarse todavía. ¡Hacerlo puede tener consecuencias devastadoras!

Uno de los aspectos más dulces del Espíritu Santo es que nos guía paso por paso. Sabe cuándo estamos preparados y listos para enfrentarnos a ciertas cosas. Cuando es Dios mismo quien nos trae cara a cara con ciertas duras realidades de la vida, sabemos que es el momento indicado para hacerle frente a esas dolorosas heridas.

Recuerde que la revelación espiritual viene de Dios, no del hombre.

Cuídese de los supuestos espíritus guías. Satanás trata de pervertir la obra del Espíritu Santo ofreciendo imitaciones engañosas para alejar a las personas de un verdadero encuentro espiritual. Tenga mucho cuidado a quién y a qué sigue. Ore y pídale al Señor que lo guarde de todo engaño.

Hoy en día hay mucha basura espiritual que suena muy buena y parece hacerlo sentir tan bien a uno. Asegúrese de que lo que está siguiendo esté fundamentado en la Palabra de Dios y sea iniciado por Su Espíritu Santo. Cuando usted abre su espíritu para recibir guianza e instrucción, asegúrese de que lo abre al Espíritu de Dios y no a un impostor.

Cómo abrirle la puerta a Dios

Este es el mensaje que hemos oído de él, y os anunciamos: Dios es luz, y no hay ningunas tinieblas en él. Si decimos que tenemos comunión con él, y andamos en tinieblas, mentimos, y no practicamos la verdad.
—1a Juan 1:5, 6

Ese es un gran pasaje de la Escritura porque demuestra que si uno asume la responsabilidad que le corresponde según su situación y su persona, en vez de culpar a otro, toma el primer paso hacia recibir su sanidad.

Muy a menudo lo que uno intenta esconder en lo más recóndito de su ser se torna en tinieblas en nuestro interior. Mas este pasaje nos indica que en Dios no existe tiniebla alguna. Así que cuando permitimos que Él ocupe plenamente el corazón y la mente, no habrá tinieblas en ellos.

Me llena de alegría saber que Dios ocupa cada recámara de mi corazón, pues así yo estoy llena de Su luz. Que yo sepa, no existe lugar alguno en mi corazón que bloquee a Dios ni a la luz que entra con Su presencia.

Una de las señales más comunes de que andamos en la luz del Evangelio es que gozamos de buenas relaciones con todas las personas con las cuales entramos en contacto en nuestra vida diaria, inclusive nuestro cónyuge y nuestros hijos.

Realmente puedo decir que, que yo sepa, en este momento no tengo ningún problema grave con nadie. Y no es debido a que todos *ellos* hayan cambiado. La razón se debe a que yo le he dado cabido al Señor en esos lugares tenebrosos y recónditos de mi corazón, para que Él los llenara con su luz admirable. Yo misma abrí la puerta a la luz sondeante y santificadora del Espíritu Santo de Dios. El resultado es que, mientras que antes vivía y andaba en tinieblas, temor y miseria, ahora vivo y ando en luz, paz y gozo.

Cuando vivía una vida doble y era una persona por dentro, y otra por fuera, tenía que usar máscaras y ser una falsa. Tenía que presentar una fachada y jugar jueguitos. Qué alivio saber que ahora puedo acercarme a Dios, y a mi familia, y al mundo entero, sabiendo que tengo paz conmigo misma y con los demás.

Ya no tengo que vivir temiendo lo que pueda alguien llegar a pensar de mí, porque le he abierto mi corazón al Espíritu Santo de Dios, y Él ha iluminado los lugares más oscuros de mi ser, para que yo pueda ¡vivir en libertad!

Usted podrá declarar lo mismo si le abre su corazón a

Dios permite que colme todo su ser con Su Espíritu.

¡La nariz sí se da cuenta!

...pero si andamos en luz, como él está en luz, tenemos comunión unos con otros, y la sangre de Jesucristo su Hijo nos limpia de todo pecado.
—1a Juan 1:7

Me encanta la última parte de este versículo porque dice que la sangre de Jesús nos limpia del pecado en todas sus formas y manifestaciones.

Permita que le de un ejemplo de cómo se pone por obra en la vida diaria.

Si en su refrigerador hay algo podrido, usted se dará cuenta de ello cada vez que abra la puerta porque le llegará el olor. Quizás usted no sepa exactamente qué es ni dónde está, pero sabe a ciencia cierta que está ahí adentro.

Opino que la vida es similar. Si hay algo podrido en nosotros, los que entran en contacto cercano con nosotros lo van a percibir, sea que sepan o no qué es ni porqué está allí. Lo "olerán" o lo sentirán.

En 2a Corintios 2:15 el apóstol Pablo nos dice que, en calidad de creyentes, "para Dios somos grato olor de Cristo en los que se salvan, y en los que se pierden".

Desgraciadamente, también funciona a la inversa. Cuando hay algo dentro nuestro que ha estado encerrado y como consecuencia se pudre, da un aroma totalmente distinto que todos pueden detectar.

Es por eso que tenemos que abrir nuestras puertas y permitirle al Espíritu Santo que entre y limpie nuestro corazón y quite de nosotros lo que causa mal olor.

Cuando nos abrimos al Señor y permitimos que comience a limpiar y a sanar nuestro interior, nos daremos cuenta de que cada vez mejora nuestra relación con los que nos rodean. No sucede de la noche a la mañana, se trata de un proceso. Pero comenzará a tomar lugar paso por paso.

Cómo llegar a la raíz del problema

Si decimos que no tenemos pecado, nos engañamos
a nosotros mismos, y la verdad no está en nosotros. Si
confesamos nuestros pecados, él es fiel y justo para per-
donar nuestros pecados, y limpiarnos de toda maldad.
—1a de Juan 1:8. 9

En este pasaje vemos que nunca podremos dar con la solución a nuestros problemas y pecados hasta que estemos dispuestos a confesar que tenemos problemas con el pecado y permitamos que el Señor nos limpie. Hacer un inventario espiritual de nosotros mismos para descubrir la raíz de nuestro pecado forma parte del proceso.

Cuando usted está teniendo problemas emocionales, una de las cosas que le aconsejo es que se de cuenta que el problema no estriba en las emociones que está sintiendo, sino en la manifestación de las mismas. Lo que usted tiene que hacer es, no sólo lidiar con los síntomas, o sea, las emociones, sino dar con la raíz del problema, la causa de que se sienta de esa manera.

Por lo general prestamos demasiada atención a los sentimientos. Decimos cosas como: "*Siento* que a nadie le importo"; "*Siento* que los demás no me comprenden"; "*Siento* que los demás no me prestan la atención que me merezco".

Esos pensamientos y esas declaraciones comprueban que nos estamos dejando dominar por las emociones, en vez de lo que realmente está sucediendo en nuestra vida.

Permita que le de una ilustración.

Digamos que una señora siente que su marido no le presta la atención suficiente. Así que ora y le pide a Dios que haga que su marido se vuelva más atento con ella. Cuando no recibe respuesta a sus oraciones, intenta lograrlo por sí misma. Se queja y le reclama al marido, "No me estás prestando atención; ya no te importo ni yo ni mis sentimientos".

La verdad es que no importa cuánta atención le preste su marido, ni ninguna otra persona, ella jamás quedará satisfecha. ¿Porqué? Porque está intentando recibir de los demás lo que únicamente Dios puede darle. Está intentando edificar su autoestima en base a la reacción y las opiniones de los demás, en vez de basarse en el valor que ella tiene ante los ojos de Dios.

Es posible que el problema parezca ser que no es amada ni apreciada, pero la raíz del problema está en que se *siente* de esa manera porque la anularon emocionalmente cuando era niña. Como resultado, ahora que es adulta, exige más de los demás de lo que están preparados a brindarle o pueden darle. Si no se da cuenta de lo que está ocurriendo y hace algo al respecto, terminará por no tener relación alguna.

A menos que vaya a la raíz del problema y lo resuelva, se pasará la vida entera culpando a los demás, quejándose de que el problema es culpa de ellos porque no son lo suficientemente sensibles con ella y porque no la aprecian como debieran hacerlo.

Ella está prestándole atención a sus sentimiento y a sus emociones, en vez de llegar a la raíz del problema y descubrir qué es lo que realmente hace que se sienta de esa manera.

He aquí otro ejemplo tomado de mi propia vida. Cuando estaba teniendo tantos problemas emocionales, solía explotar y tenía arranques si las cosas no iban como yo quería. Podía estar en la cocina trabajando tranquila, pero si mis hijos entraban por atrás con un portazo, me convertía en otra. Me molestaba y les pegaba unos cuantos gritos.

Entonces oraba y decía, "Señor, ¿qué es lo que me pasa?" Mas como estaba segura de que el problema no estaba en mí, lo que realmente preguntaba era, "¿qué es lo que le pasa a éstos?"

Estaba profundamente convencida de que si los demás no se comportaban como lo hacían, yo no reaccionaría como lo hacía.

Pero la verdad es que era yo quien estaba mal.

Si uno de mis hijos entraba por la puerta y se tropezaba en el umbral y caía al piso, en vez de decir, "Ay, chiquillo,

¿te hiciste daño?", le gritaba, "Oye, ¿y a tí qué es lo que te pasa que ni siquiera puedes entrar a la casa sin hacer lío? ¡Dios mío!, ¿es que tengo que enseñarte otra vez a caminar, grandulón?"

De continuo culpaba de mis sentimientos a los demás o a las circunstancias. Un día, a media oración, "Señor, ¿qué es lo que me pasa?", Dios me mostró lo que me pasaba, y esta revelación cambió mi vida.

El Señor me habló y me dijo, "Te pasas la vida haciendo todo lo que piensas que debes hacer para ser una buena esposa, madre y cristiana, pero la realidad es que adentro te sientes culpable y todo te condena, desde no orar lo suficiente hasta sentirte responsable de las cosas que te ocurrieron en el pasado".

Entonces añadió, "Esos sentimientos te causan presión interna. Debido a que la pasas sola en casa la mayor parte del tiempo, no tienes a nadie con quien puedas ventilar tus sentimientos, así te vuelves en una olla de presión. La primera vez que sucede algo que te sobrecarga el sistema, explotas".

Quizás eso es lo que está sucediendo con usted. Al igual que yo, es posible que su presión interna vaya en aumento debido a que tiene sentimientos y emociones sin resolver, y que cada vez que sucede algo que a usted no le gusta, "explota". Al igual que yo, es posible que ni siquiera sepa qué es lo que lo hace reaccionar de esa manera.

He leído estudios médicos que indican que el 75% de las enfermedades físicas son de origen emocional. Y uno de los mayores problemas emocionales del cual sufren las personas es el sentimiento de culpa. Hay muchos que se autocastigan con la enfermedad. rehusan relajarse y gozar de la vida porque, después de todo, no *merecen* pasarla bien. Así que viven en un interminable remordimiento y pesar. Este tipo de tensión enferma a las personas.

Si acabo de describirlo a usted, la única solución es clamar al Espíritu Santo que lo ayude llegar a la raíz del problema que lo hace sentirse tan miserablemente. Sólo Él sabe cómo ayudarle.

Me recuerdo de una anécdota acerca de Henry Ford. Un día una maquinaria muy importante en su fábrica de autos sufrió un desperfecto y no funcionaba bien, así que llamó a un amigo suyo de nombre Steinmetz, quien era un verdadera genio en cosas de mecánica. Su cuerpo era deforme, pero era un fenómeno.

Cuando Ford vio que nadie más lograba reparar la máquina que tanto les hacía falta, Ford mandó llamar a Steinmetz, quien jugó unos diez minutos con la máquina y en seguida la hizo volver a funcionar. Los dos amigos se regocijaron, y Steinmetz partió.

Unos días después Ford recibió una factura de Steinmetz por ¡diez mil dólares americanos! De inmediato telefoneó a su amigo para quejarse, "¿No te parece un poco elevado el monto? Diez mil dólares es mucho dinero para pagarle a alguien que pasó unos diez minutos reajustando una máquina".

Steinmetz contestó muy tranquilo, "Bueno, diez dólares de la factura los cobro por los diez minutos que me tomó la reparación, los otros $9,990 los cobro por saber dónde hacer el reajuste".

La razón por la cual el Espíritu Santo es de un valor incalculable en este tipo de sanidad es debido a que ¡es el único que sabe dónde hacer el reajuste!

El Espíritu Santo es el único que lo conoce mejor de lo que se conoce usted mismo. No sólo sabe qué anda mal, sino qué y cómo hacer al respecto. Lo mejor que puede hacer para solucionar su problema es llamarlo a que venga a hacerse cargo del problema y permitir que sea Él quien haga "los reajustes" necesarios. Conforme obre, sea usted paciente. Recuerde, la sanidad emocional es un proceso y toma tiempo.

¿Lastimoso o poderoso?

Sed sobrios, y velad: porque vuestro adversario el diablo, como león rugiente, anda alrededor buscando a quien devorar, al cual resistid firmes en la fe, sabiendo

que los mismos padecimientos se van cumpliendo en
vosotros hermanos en todo el mundo...

—1a Pedro 5:8, 9

Si desea recibir sanidad emocional y salir adelante en la vida, va a tener que dejar a un lado el tenerse lástima a sí mismo. Estoy tan convencida de esta verdad, que iré tan lejos como para plantearle la pregunta que me hiciera Dios a mí hace varios años: "Joyce, puedes ser lastimosa o puedes ser poderosa, ¿cuál de las dos cosas quieres ser?"

También le plantearé otras preguntas adicionales por el mismo lineamiento. La primera es: "¿Siente usted pena o lástima de sí mismo?"

Responda honestamente. No haga lo que yo, que solía responder, "Sí, *pero...*".

Dios me ha mostrado que tenerse lástima a uno mismo es como una muralla que le impide a uno avanzar en la vida. En mi propia vida tuve que aprender que todos tenemos problemas. Sólo porque fui maltratada de niña no hace que mi caso sea especial. Al igual que los demás, tengo que asumir la responsabilidad de mi propia sanidad y restauración, igual que debe hacerlo usted. Tenemos que cooperar con la obra del Espíritu Santo en nuestra vida.

Mi próxima pregunta es, "¿Es usted un resentido?"

Por años me la pasé siendo una resentida porque "lo que me ocurrió no fue justo; no le debió haber ocurrido ni siquiera a un perro, así que yo *me merezco...*".

Es difícil para la naturaleza carnal admitir que nuestros problemas especiales no nos convierten en casos especiales dignos de especial atención. Ante Dios, todos somos especiales, pero todos han sido lastimados o maltratados de una forma u otra. Cada uno de nosotros tiene que asumir la responsabilidad de nuestro propio comportamiento y evitar culpar al pasado o a los que nos hicieron daño.

La Biblia dice que el que se sume en sentir pena de sí mismo se torna en blanco fácil del diablo, que busca a quién devorar.

Si uno no quiere que el diablo lo devore, entonces tiene que resistirse a sentir lástima de sí mismo, culpar a los demás, o a ser un resentido. Si seguimos el camino de Dios, experimentaremos Su victoria.

Ese es el mensaje que el Señor intentaba hacerme llegar cuando me preguntó si quería ser lastimosa o poderosa. Lo que me estaba diciendo en aquel entonces, y lo que le dice a usted ahora, es, "Puede que tengas razón para sentir lástima de usted mismo, pero no tiene derecho a sentirse así porque yo estoy dispuesto a sanar su vida. Yo lo libraré de todo lo que Satanás ha intentado hacerle, y lo usaré para su bien y para mi gloria".

Todas las heridas y lastimaduras que ha sufrido, aún las cosas que usted mismo ha hecho para hacerse mal a usted mismo, el Señor puede convertirlo en la herramienta de la cual se servirá para ministrar a otros que sufren.

El sanador herido

> *Bendito sea el Dios y Padre de nuestro Señor Jesucristo, Padre de misericordias y Dios de toda consolación, el cual nos consuela en todas nuestras tribulaciones, para que podamos también nosotros consolar a los que están en cualquier tribulación, por medio de la consolación con que nosotros somos consolados por Dios.*
>
> —2a Corintios 1:3, 4

El mejor sanador es con frecuencia el sanador herido, debido a que sabe a lo que se enfrenta porque lo ha sufrido en carne propia. Eso es lo que expresaba Pablo en este pasaje de su epístola a la iglesia en Corinto.

Si usted ha pasado por tiempos difíciles en la vida, va a tener aún mayor éxito al ministrar a los que estén pasando por el mismo tipo de sufrimiento en sus vidas.

Eso no quiere decir que los que nunca han pasado penurias ni sufrido dolor no puedan ser usados por el Señor.

Algunos de los más grandes y poderosos ministros que conozco han vivido vidas casi perfectas. Pero el solo hecho de que usted y yo hayamos sufrido no quiere decir que ello no nos permita ministrar exitosamente.

Estoy escribiendo este libro para ayudarlo a usted a darse cuenta de que aunque usted las haya pasado difíciles en la vida, Dios puede usar esas experiencias para Su gloria, ¡si es que usted se lo permite!

Si todavía me encontrara en el lugar de partida, sintiendo lástima de mí misma, no sería útil ni a mí misma ni a nadie más. De hecho, es posible que el diablo hubiera hecho conmigo ¡lo que hubiera querido! Mas, debido a que el Señor me dio la gracia necesaria para que pudiera dejar atrás ese sentimiento y pudiera aceptar el reto de vivir para Él, ahora puedo ayudar a cientos de miles de personas.

Para mí el mayor testimonio del mundo es poder decir, "Dios tomó lo que Satanás intentó usar para destruirme, y Él lo usó para Su gloria y para beneficio de los demás en el Reino".

¡Sólo Dios es capaz de lograr tal cosa!

No importa dónde se encuentre usted hoy, o por qué situación esté pasando, Dios puede cambiar su situación y servirse de ella para extender Su Reino y colmar de bendiciones a usted y a muchos otros.

¿Compasión o lástima?

> *Y manifiestas son las obras de la carne, que son: adulterio, fornicación, inmundicia, lascivia, idolatría, hechicerías, enemistades, pleitos, celos, iras, contiendas, disensiones, herejías, envidias, homicidios, borracheras, orgías, y cosas semejantes a estas; acerca de las cuales amonesto, como ya os lo he dicho antes, que los que practican tales cosas no heredarán el reino de Dios.*
> —Gálatas 5:19-21

En la Biblia la palabra "lástima" siempre quiere decir

compasión, algo que mueve a una persona a actuar a beneficio de otra.

En las Escrituras la lástima y la compasión no se usan nunca para referirse a sentir pena por uno mismo debido a lo que uno esté pasando. De hecho, en ese sentido, tener pena de uno mismo formaría parte de la lista de las obras de carne que se encuentra en Gálatas 5:19-21.

Cuando el Señor primero me reveló este hecho, lo busqué para asegurarme de que había escuchado bien. Pero no lo pude encontrar allí, así que busqué en otra traducción. Cuando aún así no lograba encontrarlo, el Señor me habló y me dijo, "Se trata de la idolatría".

Es verdad. Cuando nos volcamos hacia nosotros mismos y lloramos porque nos tenemos lástima, ¿qué es lo que estamos haciendo? Estamos colocándonos en el centro de todas las cosas y sentimos pena de nosotros mismos porque todas las cosas dentro de la creación de Dios no van como nosotros queremos.

La verdadera lástima o la compasión nos lleva a actuar en beneficio de los demás, pero la lástima de uno mismo o la idolatría nos arrastra a las profundidades de la depresión y de la falta de esperanza.

¿Recuerda usted lo que hicieron Pablo y Silas cuando se encontraron encadenados en la prisión filipense por haber intentado hacer un bien a los demás? En vez de sentir pena de sí mismos, comenzaron a cantar y alabar y a regocijarse en el Señor. Como resultado el carcelero vino al arrepentimiento y a la salvación.

Cada vez que uno se enfrenta a una prueba o a un problema, tiene una opción. O uno se tiene lástima o puede alzar la cabeza y confiar que el Señor lo guiará a la victoria, al igual que hizo con Pablo y Silas.

En sus manos queda cuál de las opciones escoger.

Siga adelante en la vida

Entonces David rogó a Dios por el niño; y ayunó

David, y entró, y pasó la noche acostado en tierra. Y se levantaron los ancianos de su casa, y fueron a él para hacerlo levantar de la tierra; mas él no quiso, ni comió con ellos pan. Y al séptimo día murió el niño; y temían los siervos de David hacerle saber que el niño había muerto, diciendo entre sí: Cuando el niño aún vivía, le hablábamos y no quería oír nuestra voz; ¿cuánto más se afligirá si le decimos que el niño ha muerto? Mas David, viendo a sus siervos hablar entre sí, entendió que el niño había muerto; por lo que dijo David a sus siervos: ¿Ha muerto el niño? Y ellos respondieron: Ha muerto. Entonces David se levantó de la tierra, y se lavó y se ungió, y cambió sus ropas, y entró a la casa de Jehová, y adoró. Después vino a su casa, y pidió, y le pusieron pan, y comió. Y le dijeron sus siervos: ¿Qué es esto que has hecho? Por el niño, viviendo aún, ayunabas y llorabas, y muerto él, te levantaste y comiste pan. Y él respondió: Viviendo aún el niño, yo ayunaba y lloraba, diciendo: ¿Quién sabe si Dios tendrá compasión de mí, y vivirá el niño? Mas ahora que ha muerto, ¿para qué he de ayunar? ¿Podré yo hacerle volver? Yo voy a él, mas él no volverá a mí.

—2a Samuel 12:16-23

¿Qué era lo que David estaba diciendo en este pasaje? Estaba diciendo, "Cuando mi hijo estaba enfermo, hice todo lo posible por salvarle la vida. Ahora que ha muerto, no hay nada más que pueda hacer. ¿Porqué sentarme y lamentarme por algo que no puedo cambiar? Es mucho mejor para mí si me levanto y sigo adelante con mi vida".

Es eso lo que el Señor nos alienta a que hagamos hoy. Él está diciéndonos que tenemos que dejar de lamentarnos por lo que ha ocurrido en el pasado y tomemos la decisión firme de que vamos a vivir hoy, y todos los días de nuestra vida. Nos está diciendo que no arruinemos el tiempo que nos queda lamentándonos por el tiempo que hemos perdido.

Ahora, obviamente, cuando uno pierde a un ser querido, hay un tiempo de duelo cuando uno está de luto, pero si permitimos que se extienda demasiado ese tiempo, entonces se torna nocivo.

Hágase una promesa en este instante que de ahora en adelante no va a malgastar ni un segundo más de su precioso tiempo sintiendo lástima por sí mismo y por las cosas que no puede cambiar. En vez, prométase que va a vivir cada día a cabalidad, esperando ansiosamente lo que Dios tiene para usted según usted lo sigue, un paso a la vez.

4

ॐ

Las emociones y el proceso del perdón

Hay dos cosas que hacen que uno se retuerza por dentro. La primera es todo lo negativo que nos han hecho los demás. La segunda es todo lo negativo que uno se ha hecho a uno mismo y a los demás.

Hemos estado examinando cómo funcionan las emociones porque cualquier cosa que destruya la confianza en uno mismo o en los demás no sólo le afecta a uno personalmente, sino que también afecta las relaciones que uno tenga con los demás.

En este capítulo vamos a considerar qué puede uno esperar de las emociones una vez que comienza a operar dentro del ámbito del perdón: a uno mismo, a los demás y a Dios.

Sea rápido para perdonar

Quítense de vosotros toda amargura, enojo, ira, gritería y maledicencia, y toda malicia. Antes sed benignos unos con otros, misericordiosos, perdonándoos unos a otros, como Dios también os perdonó a vosotros en Cristo.

—Efesios 4:31, 32

La Biblia nos enseña que hay que perdonar voluntaria y libremente. Hay que ser rápido para perdonar.

Según 1a de Pedro 5:5 debemos revestirnos del comportamiento de Jesucristo, lo que quiere decir que debemos ser mansos, pacientes, no fáciles de ofender, lentos para la ira, rápidos para el perdón y llenos de compasión.

Mi definición de la palabra "compasión" es la habilidad de ver más allá de la acción para descubrir la razón por la cual se tomó dicha acción. Muchas veces hay personas que hacen cosas sin siquiera entender lo que hacen, pero siempre hay una razón de porqué las personas se comportan de la manera en que lo hacen.

Igual sucede con nosotros, los creyentes. Tenemos que ser compasivos y perdonar, igual que Dios en Cristo perdona nuestros pecados, aunque no entendamos porqué hacemos lo que hacemos.

Perdone para que Satanás no se aproveche

Y al que vosotros perdonáis, yo también; porque también yo lo que he perdonado, si algo he perdonado, por vosotros lo he hecho en presencia de Cristo, para que Satanás no gane ventaja alguna sobre nosotros; pues no ignoramos sus maquinaciones.
—2a Corintios 2:10, 11

La Biblia enseña que tenemos que perdonar *para que Satanás no gane ventaja alguna sobre nosotros*. Así que cuando perdonamos a los demás, no sólo les estamos haciendo un favor, dino que nos hacemos a nosotros mismos un favor aún mayor.

La razón por la cual nos hacemos un favor a nosotros mismos es porque la falta de perdón produce en nosotros una raíz de amargura que envenena todo nuestro sistema.

El perdón y la raíz de amargura

*Mirad bien, no sea que alguno deje de alcanzar la
gracia de Dios; que brotando alguna raíz de amargura, os estorbe, y por ella muchos sean contaminados.*
—Hebreos 12:15

Cuando la falta de perdón penetra nuestro ser, nos
llenan también el resentimiento y la amargura. El DRAE
define la palabra amargura como "gusto amargo; aflicción o
amargura".

Cuando los israelitas estaban a punto de salir de Egipto,
el Señor les dijo que en la víspera de su partida prepararan
el sacrificio de la fiesta de la pascua, que incluía hierbas
amargas. ¿Por qué? Porque Dios quería que al comer las
hierbas amargas recordaran la amargura que habían sufrido
durante el cautiverio.

¡La amargura forma parte integral del cautiverio!

Se dice que las hierbas amargas que comían los israelitas
eran similares al rábano picante. Si alguna vez le ha dado
usted una buena mordida a un rábano picante, sabe que
puede causar una fuerte reacción física. La amargura causa
exactamente la misma reacción en nuestro espíritu. No sólo
hace que *uno* se sienta incómodo, sino que también incomoda al Espíritu Santo que mora en nosotros.

Vemos que para los que entran en contacto con nosotros
somos un olor grato. Pero cuando estamos llenos de amargura, el aroma que despedimos no es dulce, sino amargo.

¿Cómo nace la amargura? Según la Biblia, crece de una
raíz, *la raíz de amargura*. La raíz de amargura siempre produce un fruto amargo.

¿Y de qué semilla germina? La falta de perdón.

La amargura surge como resultado de las muchas pe-
queñas ofensas que nos negamos hacer a un lado, las cosas
que revivimos una y otra vez en nuestro interior hasta que
las sacamos totalmente de su proporción y crecen hasta
hacerse gigantescas.

Además de todas las cosas donde dejamos que se nos escape la mano, también están las ofensas graves que las personas cometen o han cometido contra nosotros. Mientras más tiempo permitamos que crezcan y se arraiguen, más poderosas serán y más infectarán a todo nuestro ser: nuestra personalidad, actitud y comportamiento, perspectiva y relaciones, en especial nuestra relación con Dios.

¡Suéltelo de una vez!

Y santificaréis el año cincuenta, y pregonaréis libertad en la tierra a todos sus moradores; ese año os será de jubileo, y volveréis cada uno a vuestra posesión, y cada cual volverá a su familia. Y cuando tu hermano empobreciere estando contigo, y se vendiere a ti, no le harás servir como esclavo. Como criado, como extranjero estará contigo, hasta el año del jubileo le servirá. Entonces saldrá libre de tu casa, él y sus hijos consigo, y volverá a su familia, y a la posesión de sus padres se restituirá.

—Levítico 25:10, 39-41

Para evitar que Satanás le saque ventaja, ¡perdone! Hágase un favor a usted mismo, y ¡deje a un lado la ofensa. Perdone para que usted no terminar emponzoñado y aprisionado.

Según el DRAE, *perdonar* significa "remitir la deuda, ofensa, falta, delito y otra cosa el perjudicado por ello; eximirle a uno de la obligación pendiente".

Cuando a alguien se lo halla culpable de un delito y se le impone sentencia carcelaria, decimos que tiene que pagarle una deuda a la sociedad. Pero si se le extiende un perdón, o sea, se le remite la pena merecida, se le permite salir en libertad sin que se le imponga impedimento alguno. Dicho tipo de perdón es imposible de comprar, sólo lo concede una mayor autoridad.

Cuando alguien nos ha ofendido tenemos la tendencia a

pensar que esa persona nos queda debiendo algo.

Por ejemplo, una vez una joven que vino a una de nuestras reuniones estaba en la fila para recibir oración y me dijo que acababa de agarrar a su marido siéndole infiel. Su reacción fue, "¡Me las va a pagar!"

Cuando alguien nos ha herido, reaccionamos como si ese individuo nos hubiera robado algo o nos hubiera herido físicamente. Sentimos que esa persona nos las debe. Es por eso que Jesús nos enseñó a orar *...perdona nuestras deudas, así como también perdonamos a nuestros deudores* (Mateo 6:12).

En Levítico 25 leemos acerca del Año del Jubileo, durante el cual todas las deudas eran perdonadas y todos los deudores eran perdonados y libertados.

Cuando estamos en Cristo, cada año puede contar como un año de jubileo. Podemos decirles a los que están endeudados con nosotros a causa de su maltrato para con nosotros, "Te perdono y te libro de tu deuda. Puedes irte en libertad. Te dejo en manos de Dios para que sea Él quien lidie contigo, porque siempre y cuando yo intente lidiar contigo, Él no lo hará".

Según la Biblia, no mantendremos a una persona atada en deuda perpetua, al igual que nosotros no debemos endeudarnos con nadie. *No debáis a nadie nada, sino el amaros unos a otros; porque el que ama al prójimo, ha cumplido la ley* (Romanos 13:8). Tenemos que aprender a perdonar a los demás, a cancelar las deudas que tienen para con nosotros.

¿Puede usted imaginarse el gozo de una persona a quien le dicen que le han perdonado una condena carcelaria de diez o de veinte años? Esas son las buenas nuevas de la cruz. Debido a que Jesús canceló nuestras deudas, Dios puede declararnos, "¡ya no me debes nada!".

Hay una canción (original en inglés) que expresa ese pensamiento con las siguientes palabras: "Debía una deuda que no podía pagar; Él pagó una deuda que no debía".

Nuestro problema es que, o seguimos intentando saldar nuestra deuda con el Señor, o seguimos intentando colectar la deuda que nos deben los demás. Al igual que Dios canceló nuestras deudas y nos las perdonó, es menester que cancelemos las deudas que los demás tienen para con nosotros y que se las perdonemos.

¡Perdone ya de una vez por todas!

Y cuando estéis orando, perdonad, si tenéis algo contra alguno, para que también vuestro Padre que está en los cielos os perdone a vosotros vuestras ofensas.
—Marcos 11:25

Según *Larousse*, la palabra *perdonar* significa "remitir una deuda o injuria; indultar, absolver y eximir". O sea, dejar a un lado.

¿Cuántas veces le ha pasado que ha tenido un problema con alguien y piensa que ya han llegado a un acuerdo mutuo al respecto, sólo para que la otra persona lo saque a relucir nuevamente?

Mi esposo y yo hemos tenido muchas veces este tipo de experiencia en nuestra vida matrimonial.

Soy de la opinión que los hombres están más dispuestos a dejar pasar las cosas que las mujeres. El estereotipo de la mujer criticona y mandona no está completamente errado. Lo sé porque yo era una de ellas.

Dave y yo discutíamos por un problema y él decía, "Ay, olvidemos ya el asunto". Pero yo volvía a mencionarlo una y otra vez. Recuerdo que él decía desesperado, "Joyce, ya basta, deja eso tranquilo ¡de una vez por todas!"

Eso es lo que Jesús nos dice en este versículo. Ya basta, de una vez por todas, ya no lo menciones más, déjalo atrás para siempre.

Pero la pregunta que nos planteamos es, ¿cómo?

Reciba el Espíritu Santo

Entonces Jesús les dijo otra vez: Paz a vosotros. Como me envió el Padre, así también yo os envío. Y habiendo dicho esto, sopló, y les dijo: Recibid el Espíritu Santo. A quienes remitiereis los pecados, les son remitidos, y a quienes se los retuviereis, les son retenidos.

—Juan 20:21–23

La regla número uno para perdonar pecados es recibir el Espíritu Santo quien nos da la fuerza y la habilidad para poder perdonar. Ninguno de nosotros es capaz de hacerlo por cuenta propia.

Creo que cuando Jesús sopló sobre los discípulos y ellos recibieron el Espíritu Santo, que en ese momento fueron salvos, nacidos de nuevo. Acto seguido, les dice que todos los pecados que ellos perdonen serán perdonados, y los que no perdonen, no serán perdonados.

Parece ser que el primer poder que se les confiere a los recién nacidos de nuevo es el poder para perdonar. Si es así, entonces perdonar pecados es nuestro primer deber como creyentes. Mas, aunque tenemos el *poder* para perdonar los pecados, no siempre nos resulta *fácil* hacerlo.

Cada vez que alguien me hace algo y tengo que perdonar, oro, "Espíritu Santo, sopla sobre mí y dame la fortaleza necesaria para poder perdonar a esta persona". Hago esto porque las emociones están gritando y clamando dentro mío, "¡Me hiciste daño, no es justo!"

En ese momento tengo que recordar lo que hemos aprendido, de dejar atrás los agravios y permitir que sea la justicia de Dios la que obre todo para bien. Tengo que recordar que mi deber es orar, el Suyo es el de recompensar.

Cuando alguien hace algo que lo hiere, vaya donde el Señor y reciba de él la fortaleza que necesita para posar sobre el altar su voluntad y decir, "Señor, perdono a esta persona. Lo desato; lo dejo ir".

Una vez que haya hecho eso, tiene que dejarlo atrás de una vez por todas. No sirve de nada pasar por todo eso y entonces salir a almorzar con unos amigos y contarles todo con lujo de detalles. ¿Por qué? Porque Satanás lo usará como una oportunidad para anular su perdón y robarle la paz y la bendición.

¡Satanás le lanzará el anzuelo!

Por esto, mis amados hermanos, todo hombre sea pronto para oír, tardo para hablar, tardo para airarse...
—Santiago 1:19

Es sumamente importante comprender que Satanás le lanzará el anzuelo, aún por boca de otros cristianos.

¿Sabe usted lo que le dirán durante el almuerzo?

"Así que, y ¿cómo te estás llevando con fulano o fulana de tal? Me dijeron que estaban teniendo problemas."

¿Ve qué tentador es el anzuelo?

Ya que usted está intentando olvidar el asunto, quizás responda, "No hubo malas intenciones de por medio".

Pero si no se cuida, los demás seguirán lanzándole anzuelos a modo de preguntas, involucrándolo en un tema que usted había decidido olvidar.

Sé cómo funciona el chisme porque hace años me resultaba imposible alejarme de un relato jugoso. Alguien me mencionaba a otra persona y se me paraban prácticamente los oídos. Me emocionaba mucho, "¡Ay, estoy por descubrir un secreto!" Ese el tipo de cosa que nos envenena.

Ahora, cada vez que alguien intenta hablar acerca de otra persona o de otro ministerio, intento desviar completamente el tema. Respondo con un comentario similar a este, "Bueno, oro para que Dios ayude a esa persona y a ese ministerio a resolver sus problemas y que puedan aprender algo de esta experiencia que los haga más poderosos que nunca".

Cuando alguien se le acerca para tirarle el anzuelo y ver si habla acerca de algún problema en su iglesia o ministerio, necesita desviar la conversación diciendo, "Ah, sí, es verdad, hubo algún que otro problema, pero, que yo sepa, todo se está resolviendo de maravilla".

Si la persona insiste en saber cómo van las cosas, déjele saber de una manera cortés pero firme, que no va a decir nada negativo al respecto.

Obedezca lo que dice la Biblia, "sea pronto para oír, tardo para hablar, tardo para airarse".

Cada vez que escuche algo que lo moleste y lo lleve a querer reaccionar abruptamente, pare un momento y piense, "¿Qué es lo que el enemigo se trae entre manos?"

Es muy posible que lo que quiera hacer sea anular esa oración de perdón al lanzarle el anzuelo para que usted reviva el agravio una y otra vez.

¿De qué le sirve a uno comentarle a los demás cuán heridos nos sentimos? Ahora, no estoy diciendo que nunca deberíamos compartir con nuestro cónyuge o ministro, o con un amigo íntimo, qué está ocurriendo en nuestra vida. Sin embargo es necesario mantener un equilibrio al respecto. Tenemos que cuidarnos de no destruir el carácter o la reputación de otro. Sólo por el hecho de que otro nos haya hecho mal no nos da el derecho a recompensarle con otro mal. Hacer mal por mal no cancela el mal.

Perdone para evitar que Satanás se aventaje de usted. Rehúsese a morder el anzuelo del diablo. No siga viviendo el agravio en sus recuerdos. Si realmente quiere reponerse de una herida o daño, deje de pensar y hablar al respecto.

Use un tono misericordioso

Y cuando llegaron al lugar llamado de la Calavera, le crucificaron allí, y a los malhechores, uno a la derecha y otro a la izquierda. Y Jesús decía: Padre, perdónalos, porque no saben lo que hacen…
—Lucas 23:33, 34

He compartido a menudo esta ilustración, pero lo hago nuevamente porque me parece que es muy poderosa.

La madre de mi esposo crió ocho hijos casi sola. En la actualidad todos sus hijos sirven al Señor. Cuando eran chiquillos ella se dedicaba a limpiar casas ajenas para poder llegar a fin de mes porque no participaba de ninguno de los programas de asistencia social del gobierno. Sólo contaba con un pequeño cheque de seguro social para mantenerse ella y a la familia. Según los mayorcitos crecían, iban ayudándola a ella y al resto de la familia. Todos hacían todo lo posible por aportar.

El ambiente en el cual se crió Dave fue uno de pobreza, si lo medimos por las normas de hoy. Sin embargo, todos y cada uno de esos chiquillos se sentía amado. Los llevaban a la iglesia y se les instruía en principios y valores cristianos. Esos años de crianza han surtido un efecto permanente en cada uno de ellos.

Durante todos los años que Dave y yo hemos estado casados, jamás escuché que ni él ni ninguno de los miembros de su familia dijeran siquiera una palabra negativa en contra de su padre, aunque era él el principal responsable de la situación en la cual se encontraban. Él estaba esclavizado por el alcohol y murió cuando Dave tenía dieciséis años. Su familia siempre presentaba la problemática con un tono misericordioso. Creo que esa actitud de estar dispuestos a perdonar es lo que ha abierto tantas puertas de bendiciones en sus vidas.

Cuando Jesús pendía de la cruz, oró por los que lo atormentaban, diciendo, "Padre, perdónalos, porque no saben lo que hacen". Usted y yo debemos revestirnos de Jesús, de su comportamiento y personalidad. Tenemos que dejar de preocuparnos tanto por lo que los demás nos hacen *a nosotros* e interesarnos más por lo que se hacen *a sí mismos* cuando nos tratan a nosotros de esa manera.

En el Antiguo Testamento el Señor le dijo a los enemigos de Israel ...*no toquéis a mis ungidos*... (1a Crónicas 16:22). Debido a que usted y yo somos hijos de Dios, somos sus ungidos. Cuando la gente nos maltrata se colocan en una situación muy precaria, así que tenemos que orar por ellos. Tenemos que extenderles misericordia y seguir el ejemplo de Jesús, y pedirle a Dios que los perdone porque no se dan cuenta de lo que están haciendo.

Bendiga y no maldiga

Ahora me gustaría citar tres Escrituras significativas que tienen que ver con el perdón para ver si puede usted detectar en cada una un mismo tema que a veces obviamos cuando buscamos perdonar a alguien que nos ha ofendido.

> *Oísteis que fue dicho: Amarás a tu prójimo, y abo-*
> *rrecerás a tu enemigo. Pero yo os digo: Amad a vuestros*
> *enemigos, bendecid a los que os maldicen, haced bien a*
> *los que os aborrecen y orad por los que os ultrajan y os*
> *persiguen...*
>
> —Mateo 5:43, 44

> *...bendecid a los que os maldicen, y orad por los que*
> *os calumnian.*
>
> —Lucas 6:28

> *Bendecid a los que os persiguen, bendecid y no mal-*
> *digáis.*
>
> —Romanos 12:14

¿Ve usted qué es lo que nos falta cuando lo único que hacemos es perdonar al enemigo sin dar el siguiente paso?

Permita que comparta con usted una lección que he aprendido a raíz de ministrar acerca del tema del perdón.

Una vez le pregunté al Señor, "Padre, ¿por qué viene la gente a nuestras reuniones y oran y logran aprender a perdonar, mas poco después vuelven a lo mismo y vuelven a tener problemas y piden ayuda nuevamente?"

Lo primero que el Señor me reveló acerca de esas personas es: "No hacen lo que les digo que hagan en mi Palabra".

Verá, aunque Dios dice en Su Palabra que hay que *perdonar* a los demás, no terminan allí sus instrucciones; nos dice además que debemos *bendecirlos*.

Dentro de este contexto, la palabra *bendecir* significa "hablar bien de". Así que uno de nuestros problemas estriba en que, aunque oramos por y perdonamos a los que nos han ofendido, en seguida los maldecimos con nuestra lengua o hablamos acerca de la ofensa una y otra vez con los demás.

¡No funciona así la cosa! Para pasar por el proceso del perdón y gozar de la paz que buscamos, es necesario que hagamos lo que Dios nos mandó hacer, que no sólo es perdonar, sino también bendecir.

Una razón por la cual se nos dificulta tanto orar por los que nos han hecho daño y nos han maltratado es que tenemos la tendencia de pensar que estamos pidiéndole a Dios que los bendiga física o materialmente.

La verdad es que no estamos orando para que ellos ganen más dinero o tengan más posesiones, sino para que sean bendecidos espiritualmente. Lo que estamos haciendo es pidiéndole a Dios que les traiga verdad y revelación acerca de su actitud y comportamiento para que ellos estén dispuestos a arrepentirse y a ser librados de sus pecados.

Sé cuán difícil puede llegar a ser hablar bien de aquellos que nos han hecho daño. Permítame darle un ejemplo de mi propia experiencia.

Hace un tiempo nos mudamos a una linda casa en un barrio nuevo. El único problema fue que el contratista de la casa no terminó todas las refacciones que había prometido. Así que tuvimos que gastar dinero y tiempo adicionales arreglando cosas que no debieron haber sido responsabilidad nuestra. Mas habíamos determinado no hablar mal de él. ¿Por qué? Porque no queríamos que el enemigo nos sacara ventaja alguna.

Una noche ví que una joven paseaba a su niño pequeño cerca de nuestra casa, así que empecé a conversar con ella.

—¿Y cómo les va con la casa nueva?—, le pregunté, tratando de ser amigable.

—Nos gusta mucho—, contestó, —¡pero ni te cuento lo que nos ha hecho el contratista!

Ahora, esta señora era muy amable, pero reconocí de inmediato que el diablo me estaba tirando el anzuelo. Cómo le hubiera gustado a mi carne reaccionar diciendo, —¡Sí, empieza no más, que ya mismo te ayudo!

Estaba tan tentada de alentarla a empezar a hablar mal del contratista, pero en ese mismo momento me vinieron las palabras justas.

—Bueno, me imagino que resultaría difícil encontrar a cualquier contratista que lo haga todo cien por ciento bien.

Ese comentario cambió completamente la conversación.

No es suficiente el solo hecho de que perdonemos a los demás, sino que tenemos que tener cuidado de no maldecirlos, de no hablar mal de ellos, aunque parezca que lo merecen. Por el contrario, tenemos que seguir el ejemplo de Jesús y bendecirlos, y hablar bien de ellos. ¿Por qué? Porque al hacerlo no sólo los bendecimos a ellos, sino a nosotros mismos.

Extender perdón a los demás y a sí mismo

...pero si andamos en luz, como él está en luz, tenemos comunión unos con otros, y la sangre de Jesucristo su Hijo nos limpia de todo pecado. Si decimos que no tenemos pecado, nos engañamos a nosotros mismos, y la verdad no está en nosotros. Si confesamos nuestros pecados, él es fiel y justo para perdonar nuestros pecados, y limpiarnos de toda maldad.

—1a Juan 1:7–9

Mientras que aprendemos a perdonar a los demás, tenemos que recordar que tenemos no sólo que perdonar a los demás, sino también a nosotros mismos. Tenemos que aceptar y recibir el perdón que le pedimos a Dios que nos de.

Si sentimos que hemos hecho cosas que han causado problemas para los demás, tenemos que ser perdonados tanto como necesitamos perdonar a los que nos han causado problemas a nosotros.

Si no nos perdonamos a nosotros mismos, cortamos nuestra comunión con Dios igual que cuando no perdonamos a los demás. Tenemos que ser igual de prontos para perdonarnos nuestros propios pecados y fracasos y debilidades como perdonamos a los que nos han hecho mal. De lo contrario, terminaremos viviendo con sentimientos de culpa y condenación.

Dios quiere que seamos libres para que Él pueda tener una comunión íntima con nosotros. Pero cuando estamos llenos de sentimientos de culpa y nos sentimos condenados, se arruina la relación que tenemos con el Padre.

El Señor ha prometido: *Todo lo que el Padre me da, vendrá a mí; y el que a mí viene, no le echo fuera* (Juan 6:37).

Si ha hecho algo mal, vaya donde el Señor. Él ha prometido perdonarle sus pecados, alejarlos de usted tan lejos como el este queda del oeste, y no recordarlos nunca más.

¿Alguna vez le pasó que usted sabía que se estaba olvidando de algo importante, pero no importa cuánto intentaba recordar qué era, se le hizo imposible? De la misma manera Dios se olvida de nuestros pecados. Una vez que los reconocemos y confesamos, Él nos perdona y se olvida de ellos de manera tal que aunque intente recordarlos, le resulta imposible.

Según la Biblia, "No hay condenación para los que están en Cristo Jesús", (Romanos 8:1); "...las cosas viejas pasaron; he aquí todas son hechas nuevas", (2a Corintios 5:17).

Así que, ¿porqué no se hace usted mismo el favor de perdonarse a sí mismo, al igual que perdona a los demás?

Perdonar a Dios

Otro problema que afecta a muchas personas es la falta de perdón hacia Dios.

Los que nunca hayan experimentado este sentimiento quizás no logren comprenderlo, pero los que sí lo hemos vivido sabemos lo que es sentir enemistad contra Dios porque a Él se lo acusa de defraudarnos de algo importante en nuestra vida. Las cosas no han ido como esperaban. Piensan que Dios podría haber cambiado las circunstancias si así hubiera querido hacerlo, pero ya que no quiso, lo culpan a Él de la situación en la cual se encuentran. Se sienten defraudados y engañados por Dios.

Es posible que en algún momento de su vida usted se haya sentido de esa manera. De ser así, también sabe que es imposible tener relación alguna con una persona con la cual usted está enojado. En ese caso, la única solución es la de ¡perdonar a dios.

Nuevamente, puede que eso le suene raro, y, claro está, ¡Dios no necesita que nadie lo perdone! Pero ese grado de honestidad y franqueza pueden romper el yugo y restaurar la relación que el enojo había impedido.

Muchas veces pensamos que podríamos aceptar mejor nuestra situación si tan sólo supiéramos porqué ocurrieron las cosas de la manera en que sucedieron. Pensamos si tan sólo supiéramos el *por qué* de que nos hayan ocurrido ciertas cosas, nos sentiríamos satisfechos. Mas el Señor me compartió que si realmente supiéramos el porqué, nos sentiríamos aún menos satisfechos.

Creo que Dios únicamente nos informa lo que realmente tenemos que saber, lo que podemos encarar, y que no nos hará daño, sino que, de hecho, nos servirá de ayuda.

A menudo hurqueteamos intentando descubrir algo de lo cual Dios nos mantiene ajenos para nuestro propio bien. Es por eso que debemos aprender a confiar en Dios y a no tratar de averiguarlo todo en la vida.

Tarde o temprano tenemos que llegar al lugar donde uno deja de sentir amargura, resentimiento y lástima por uno mismo. Tiene que llegar la hora en la cual uno deje de vivir en el pasado y de preguntar por qué. En vez, hay que aprender a permitir que Dios use nuestras cicatrices para algo beneficioso.

Cómo atar y desatar mediante el perdón

> *De cierto os digo que todo lo atéis en la tierra, será atado en el cielo, y todo lo que desatéis en la tierra, será desatado en el cielo.*
>
> —Mateo 18:18

No se han escuchado mensajes suficientes acerca del perdón. Tenemos que desarrollarnos al punto en que seamos prontos para perdonar, y escuchar más enseñanza sobre el tema nos permitirá hacerlo.

Es cierto que usted y yo tenemos autoridad en calidad de creyentes, la autoridad de atar y desatar. Esa verdad nos ha sido enseñada y se fundamenta en Mateo 18:8. Sin embargo, si uno lee el capítulo 18 en su totalidad, se da cuenta de que Jesús realmente está hablando ¡acerca del *perdón*!

En el versículo 21, Pedro le pregunta a Jesús cuántas veces ha de perdonar a su hermano que peca contra él. Al responderle, Jesús cuenta la parábola del siervo a quien su señor le perdonó una gran deuda que no podía pagar. Entonces, el siervo fue y de inmediato exigió a un consiervo que le pagara una pequeña deuda que tenía, amenazándolo con echarlo a él y a su familia en la cárcel si no le podía pagar. El resultado final fue que el siervo malo fue llamado a comparecer ante su señor y condenado a la cárcel de los deudores debido a que se había rehusado a perdonar a otro como lo habían perdonado a él.

Entonces, Jesús concluye el capítulo entero diciendo en el versículo 35: *"Así también mi Padre celestial hará con vosotros si no perdonáis de todo corazón cada uno a su hermano sus ofensas."*

En los versículos 15 al 17, justo antes del versículo donde se refiere a atar y a desatar, Jesús enseñó que si nuestro hermano peca contra nosotros, entonces debe ir donde él a solas para tratar de arreglar el asunto entre nosotros. Si se rehusa a escuchar, tenemos entonces que llevar a otras dos personas con nosotros para hablarle. Si aún así se rehusa a escuchar, entonces debemos traer el asunto a oídos de la iglesia. Si luego de eso sigue reusándose a escuchar, entonces debemos romper la comunión con él.

Sin embargo, ¿no se da cuenta usted que todo eso es para beneficio de él, y no para el nuestro?

¡Cada paso!

Yo sí creo que llega la hora en que quizás tengamos que romper nuestra comunión con una persona, pero debería ser para su beneficio, y no para el nuestro; para ayudarle a realizar la gravedad de su mal comportamiento y, con la esperanza de que se arrepienta y luego exhiba un comportamiento acorde a las Escrituras. Hay muchas veces que cuando una persona tiene un problema, se niega a hacer nada al respecto hasta que alguna medida drástica, tal como romper la comunión, los fuerza a evaluar la situación y a tomar las medidas necesarias.

El perdón y la restauración

¿Perdón, significa restauración?

Muchos tienen la idea errónea de que si alguien los ha herido y perdonan a esa persona, que tendrán que volver atrás y permitir que les vuelvan a hacer daño. Creen que para poder perdonar, es necesario que entren en una relación activa con la persona que les hizo daño.

Ese concepto está lejos de la verdad, y esta malinterpretación le ha causado problemas a muchos que desean perdonar.

El perdón no necesariamente lleva a la restauración. Si la relación puede ser restaurada, y es la voluntad de Dios que así sea, entonces la restauración es el mejor plan. Pero una relación que ha sido rota, no siempre puede restaurarse, especialmente en casos donde ha habido maltrato de por medio.

Cómo limpiar las heridas

Hubo alguien que me maltrató por largo tiempo en los años de mi juventud. Llegué a odiarlo. Con el tiempo, muchos años después, Dios soberanamente me libró de ese odio porque yo se lo entregué y le pedí que me librara de él.

Aunque había perdonado a esa persona, y había sido librada del odio que le tenía, no sentía deseo alguno de estar en su presencia.

Aunque uno tome la decisión de perdonar a alguien, puede que tome mucho tiempo antes de que sanen nuestras emociones al respecto.

Dios me reveló que perdonar es como limpiar la infección que hay en una herida. La Palabra de Dios nos ayuda a renovar la mente acerca de cómo debemos cubrir una herida emocional. Sin embargo, la profundidad de la cicatriz resultante dependerá proporcionalmente de cuán bueno sea el tratamiento inicial que se le aplique a la herida cuando está recién hecha.

Si de entrada se le da el tratamiento adecuado a la herida, entonces la cicatriz resultante no causará problemas. Si, por el otro lado, no se atiende a la herida y ésta se infecta, y la infección se riega, aunque se limpie y se vende la herida, es posible que quede una fea cicatriz que más adelante puede llegar a causar problemas.

La misma verdad física se aplica en el ámbito de las emociones. El mejor plan es perdonar de inmediato y completamente; sin embargo, muchos no se dan cuenta de cuándo es que primero resultaron heridos. Si a una persona no se le ha instruido en principios y guías fundamentados en la Biblia, entonces reacciona igual que reaccionaría cualquier otro ser humano normal, al igual que lo hice yo cuando me maltrataron a mí. Sólo conocía odio hacia el que me maltrataba, y como resultado tenía un corazón duro, rebelde y toda una sarta de problemas a los cuales me ha tomado años sobreponerme.

Es más difícil la recuperación si la herida es profunda y

dejó cicatrices marcadas. Pero Dios promete traer a nuestra vida restauración, y sé por experiencia personal que Él cumple lo que promete si nosotros obedecemos lo que nos manda a hacer.

Podemos tomar la decisión de perdonar a los demás y a reusarnos a hablar mal de ellos, tal como nos instruye la Palabra de Dios. Podemos orar por ellos y pedir que Dios los bendiga. Hasta podemos hacer todo tipo de obras buenas en beneficio de ellos y mostrarles misericordia y gracia. Mas sin embargo, a pesar de todo, podemos seguir *sintiéndonos* heridos por ellos. A las emociones les toma tiempo ajustarse a nuestra decisión.

Aún después de que por fuera parezca que una herida física ha sanado, todavía puede estar sensible y doler por dentro. Lo mismo sucede con las heridas emocionales. Debido a esto tenemos que aprender a distinguir entre el perdón verdadero y los sentimientos que siguen estando sensibles y siguen doliéndonos.

El perdón versus los sentimientos

Creo que el engaño más grande que Satanás ha perpetuado dentro de la Iglesia es la idea de que si los *sentimientos* de una persona no han cambiado, entonces esa persona no ha perdonado en realidad.

Muchos caen presos de este engaño. Deciden perdonar a alguien que les ha hecho daño, pero entonces el diablo los convence de que, debido a que siguen teniendo los mismos sentimientos hacia esa persona, que no han perdonado completamente a ese individuo.

Entonces la persona vuelve al comienzo y ora nuevamente, "¡Ay Señor!, pero ¿qué es lo que me pasa? Quiero perdonar, ¡pero no logro hacerlo! ¡Ayúdame, Señor, te lo pido! ¡Por favor, ayúdame!"

En mi caso, aunque había perdonado a la persona que me había maltratado y con el tiempo intenté tener una relación personal con él, él me indicó claramente que no pensaba que jamás hubiera hecho algo malo. De hecho, hasta se atrevió a culparme a mí de lo ocurrido. Al fin, me vi forzada a hacer lo que Jesús enseña en Mateo 18 y rompí completamente la comunión con él hasta que él vino al arrepentimiento.

No habría sido para nada prudente intentar reconciliar la relación sin que él se arrepintiera. Hasta que la gente llega al arrepentimiento, sigue comportándose igual que antes, una y otra vez. Sabía que tenía que protegerme a mí misma y que no era la voluntad de Dios para mí abrirme nuevamente para soportar más maltratos.

En un momento dado le dije: "Quiero que sepas que ya no tolero más que me maltrates. Me has dominado por mucho tiempo, pero ese control ya ha terminado. Te amo porque eres una persona por la cual Jesucristo murió, y estoy dispuesta a seguir adelante con nuestra relación, pero hasta que no reconozcas que pecaste contra mí y te arrepientas de ello, nos resulta imposible gozar de una relación normal".

Confrontarlo a él de esa manera fue algo que el Espíritu de Dios me guió a hacer, y formó parte de mi propio proceso de sanidad. Por años yo había sido dominada por un espíritu de temor en lo que respecta a esta persona, y era hora de encararme a ese temor.

¿Quiere todo esto decir que yo estaba llena de amargura, resentimiento y no estuviera dispuesta a perdonar? No, sólo quiere decir que podía distinguir entre el perdón que extendía y los sentimientos que sentía. Lo perdoné porque amo a Dios y anhelo obedecerle. Le tomó mucho tiempo a mis emociones ajustarse a mi decisión, debido a que las heridas calaban muy hondo, pero yo cumplí con mi parte. Yo había actuado según la Palabra de Dios y había tomado la decisión de perdonar. No era posible aún la restauración, pero sí el perdón.

Si hacemos lo que cabe dentro de la medida de nuestras posibilidades, Dios siempre hará lo que resulta imposible para nosotros. Yo sí podía tomar la decisión de obedecer a

Dios, pero no podía cambiar mis sentimientos. Dios lo hizo con el pasar del tiempo.

¡La sanidad toma tiempo!

Podemos limpiar y desinfectar la herida. Podemos vendarla y darle tratamiento. Pero no podemos de hecho sanarla. Jesús es el Sanador.

¡Mi historia tiene un final feliz! Más tarde Dios se movió de una manera espectacular para traer liberación y sanidad a esta relación. El Señor había estado obrando tras bastidores, y un día la persona que me había maltratado me pidió perdón porque lo que había hecho me había lastimado. Me dijo que nunca había sido su intención hacerme daño, que aunque sabía que lo que hacía estaba mal, nunca había realmente comprendido hasta qué punto me había afectado.

Para ese entonces ya yo lo había perdonado de corazón, pero cuando él admitió que había hecho mal y estuvo dispuesto a intentar hacer el bien abrió la puerta para dar comienzo a la restauración de la relación. Ha sido un camino lento y a veces incómodo, pero por lo menos estamos avanzando.

He incluido este ejemplo de mi vida personal para ayudarle a darse cuenta de que sólo el hecho de que usted perdone no quiere decir que sus sentimientos queden anulados. Puede que le duela por mucho tiempo. Pero lo importante es no permitirle al enemigo que lo convenza de que, sólo porque tiene los sentimientos heridos, usted no ha cumplido con la parte que le corresponde ante Dios.

Recuerde, decida perdonar, ore por sus enemigos, bendígalos en vez de maldecirlos. Sea bueno con los que lo han maltratado porque el mal se vence con el bien (Romanos 12:21). Y espere, sabiendo que Dios se encargará de sus sentimientos.

Con la ayuda de Dios podemos aprender a dominar nuestras emociones, aunque sean sensibles y nos duelan. Con el poder del Espíritu Santo ayudándonos, podemos aprender a no maltratar a los que nos hicieron daño.

Podemos evitar decir cosas malas acerca de ellos. Podemos orar por ellos. ¡Podemos esperar recibir la recompensa de Dios y ver su gloria manifestada en nuestra vida cuando escogemos hacer las cosas a Su manera!

5

Altibajos emocionales

Los altibajos emocionales que sufrimos es una de las herramientas que más utiliza Satanás para robar nuestro gozo y destruir nuestro testimonio para Cristo. Tenemos que aprender a ser creyentes estables, sólidos, constantes, firmes y resueltos.

Como recalcamos al comienzo de este libro, jamás ninguno de nosotros logrará librarse completamente de las emociones. Gracias a Dios podemos aprender a manejarlas, a controlar nuestras emociones, en vez de permitir que sean ellas las que nos dominen a nosotros.

La vida no resulta divertida cuando está dominada por las emociones, debido a que las emociones cambian a diario. No se puede confiar en los sentimientos, no sólo debido a que cambian tan a menudo, sino porque además mienten.

Al diablo le encanta servirse de nuestras emociones para dominarnos porque sabe que somos personas llevadas por nuestra naturaleza humana. Con demasiada frecuencia permitimos que nos guíe nuestra mente y nuestras emociones, o sea, nuestra alma, en vez de llevarnos por el Espíritu.

Nos resulta imposible evitar que el enemigo deposite en nuestra mente pensamientos negativos, pero no tenemos por qué dejar que se arraiguen. Tenemos voluntad propia, y por ende, podemos reusarnos a aceptar esos pensamientos.

De igual manera, no podemos evitar que Satanás juegue con nuestras emociones, pero sí podemos usar nuestra voluntad para rehusar rendirnos a las mismas.

El hecho es que, en calidad de seguidores de Cristo, tenemos que vivir según la verdad y la sabiduría, no dejarnos llevar por sentimientos y emociones.

Cómo razonar con uno mismo

Para poder vivir según la verdad y la sabiduría, hay que aprender a razonar con uno mismo.

Cuando sentimientos extraños amenazan con sobrecogernos, hay que detenerse y tomar control de nuestros pensamientos y sentimientos. Una de las maneras por las cuales lo hacemos es dirigiéndonos a nosotros mismos la palabra, ya sea en silencio o en voz alta.

Yo lo hago todo el tiempo.

Hubo un tiempo en mi vida durante el cual no presentaba resistencia alguna a los sentimientos negativos que me invadían, y como resultado, vivía una vida inestable y desdichada.

Ahora, tan pronto empiezan a surgir en mí sentimientos de soledad que me quieren llenar de temor y hacerme sentirme triste, paro y me digo a mí misma: "Joyce Meyer, ¡basta ya! Puede que te *sientas* sola, pero *no* lo estás. Con todas las personas que Dios ha puesto en tu vida para amar y cuidar de tí, es imposible que te sientas sola."

Así que, aunque de vez en cuando me siento sola, no permito que sean mis sentimientos los que me dicten cómo debo sentirme y arruinen mi vida. Eso forma parte de lo que se denomina madurez emocional.

La madurez emocional

Es posible que se encuentre rodeado por una muchedumbre y *sienta* que todos están hablando de usted, pero no necesariamente es así.

Puede que *sienta* que nadie lo comprende, pero no quiere decir que sea eso cierto.

Puede *sentirse* malentendido, que nadie lo aprecia, o aún maltratado, pero no quiere decir que sea eso verdad.

Satanás quiere que le prestemos atención a nuestros sentimientos, que no son confiables sino cambiantes, en vez de hacerle caso a la voz del Espíritu Santo, quien habla siempre la verdad. Por este motivo tenemos que hacer de la madurez emocional nuestro objetivo. Y para el creyente, el primer paso hacia la madurez emocional es aprender a escuchar al Espíritu Santo en vez de a su propia voz.

Si queremos ser personas maduras, disciplinadas, controladas por el Espíritu Santo, tenemos que tomar la *firme determinación* de que vamos a andar en el Espíritu y no en la carne. Hacer las cosas como Dios manda, en vez que como a nosotros nos da la gana, conlleva un acto continuo de nuestra voluntad.

Como una roca

...y todos bebieron la misma bebida espiritual; porque bebían de la roca espiritual que los seguía, y la roca era Cristo.

—1a Corintios 10:4

Mi marido siempre ha sido muy estable emocionalmente. De hecho, me recuerda a una roca, que es uno de los nombres de Jesucristo.

De una de las formas en que podríamos explicar la naturaleza de Jesús sería de decir que era espiritualmente maduro. Parte de esa estabilidad se basa en el hecho de que no cambia.

El autor de Hebreos nos dice que *Jesucristo es el mismo ayer, y hoy, y por los siglos* (Hebreos 13:8).

¿Piensa usted verdaderamente que Jesús se dejaba llevar o guiar por sus emociones, como lo hacemos a menudo nosotros? Por supuesto que no. Sabemos que era guiado por el Espíritu Santo, y no por sus sentimientos, aunque vimos que fue sujeto a todos los mismos sentimientos que usted y yo tenemos en nuestra vida diaria.

En ese sentido, Dave siempre se ha parecido mucho más a Cristo que yo. Dave es tan estable e inmutable como una roca. Resulta reconfortante vivir con alguien así porque siempre sabe a qué atenerse.

Para decir la verdad, hubo oportunidades en el pasado cuando me sentía muy molesta con Dave porque nunca se emocionaba ni se molestaba con nada. Sencillamente formaba parte de su personalidad flemática el no demostrar mucha emoción. Por otro lado, yo más que compensaba ya que iba de un extremo al otro.

¿Sabe usted cuándo empezaron a equilibrarse por fin mis emociones? Cuando tome la decisión firme de que con la ayuda del Espíritu Santo ya no iba a seguir igual.

Hasta que no decidí terminantemente que no iba a vivir la vida según mis sentimientos, vivía esclavizada a ellos. Un día me sentía bien, riéndome, y todo iba a las mil maravillas, y al día siguiente sollozaba y lloraba porque sentía lástima de mí misma. El día siguiente estaba un poco mejor, solo para volver a sentirme desdichada otra vez. Llegué al punto en el cual no quería tener que enfrentar ningún tipo de cambio en mi vida porque sabía que me traería un montón de problemas emocionales con los cuales no estaba preparada a enfrentarme. Entonces fue que me di cuenta de que lo que necesitaba era estabilidad y madurez espiritual.

Dave me proporcionó un ejemplo excelente, y observarlo a él hacía que en mí naciera el deseo de poseer la misma madurez emocional y la estabilidad de la cual él gozaba. Todos necesitamos ser estables y equilibrados.

Demasiadas veces hacemos de la prosperidad, el éxito o alguna otra cosa nuestro objetivo, cuando nuestra meta primordial debería ser alcanzar la madurez espiritual. Aunque nosotros mismos no podemos lograrla con nuestra propia fuerza, dios nos ayudará a cambiar, si realmente deseamos hacerlo.

Su Dios es poderoso

Jehová está en medio de ti, poderoso, él salvará; se gozará sobre ti con alegría, callará de amor, se regocijará sobre ti con cánticos.

—Sofonías 3:17

En el Antiguo Testamento Eliseo se aferró al profeta Elías, convirtiéndose en su seguidor y discípulo, porque quería ser poderoso en el Señor, como su señor.

Si usted tiene un problema emocional, tiene que dejar de relacionarse con los que están pero que usted. Por el contrario, tiene que pasar tiempo con los que son espiritual y emocionalmente maduros.

Sé que a lo mejor nunca llegue a ser tan emocionalmente fuerte y estable como Dave, ya que tenemos dos personalidades completamente distintas. Mas estaba resuelta a llegar al punto tal que mis emociones ya no me atormentaran ni me dominaran completamente.

Las Escrituras nos dicen que el Señor nuestro Dios que mora en nosotros y está en medio de nosotros es "poderoso". ¿Poderoso para hacer qué? Poderoso para ayudarnos a vencer nuestras emociones para ser guiados por su Palabra y por su Espíritu, no por nuestros sentimientos y emociones inestables y desequilibrados.

Con su Dios todo es posible. ¿Por qué no confía en Él para que le ayude a desarrollar el mismo tipo de madurez y estabilidad emocional que caracterizó la vida de Su Hijo, Jesucristo, nuestra esperanza de alcanzar la gloria?

Cristo: La esperanza de gloria

...a quienes Dios quiso dar a conocer las riquezas de la gloria de este misterio entre los gentiles; que es Cristo en vosotros, la esperanza de gloria...

—Colosenses 1:27

En calidad de creyentes nuestra única esperanza de gloria es Jesucristo. Sólo Él nos puede proporcionar lo que necesitamos para vivir esta vida en gozo y en victoria.

Como hemos visto, a Jesús se lo llama la Roca porque era sólido y estable, siempre el mismo, inmutable. No era movido por las cosas que nos mueven a nosotros. La gente podía intenta tirarlo por un precipicio, y Él se daba vuelta y salía de allí caminando en medio de ellos.

¿Cómo era que lograba hacer cosas semejantes? Debido a que sabía que se encontraba en manos de Dios y que nadie podía desviarlo de la voluntad y del tiempo de Dios. Descansaba en ese conocimiento, y le infundía una paz y seguridad que imposibles de sacudir. En Marcos 4 pudo dirigirse a la tormenta y calmarla porque nunca había permitido que la tormenta invadiera su interior. ¡En su interior reinaban la paz y la tranquilidad!

Una actitud y enfoque similares a la vida es lo que he visto en mi esposo Dave. Si teníamos problemas de dinero, yo me mortificaba y me preocupaba sobremanera qué sería de nosotros. Dave, sin embargo, sencillamente decía, "Joyce, estamos diezmando y obedeciéndole al Señor en todo cuanto nos ha mandado. Dios siempre ha suplido nuestras necesidades en el pasado, ésta vez también lo hará. ¿Porqué sentirnos desdichados y tristes, rompiéndonos la cabeza para ver qué podemos hacer? Sólo descansa y confía en el Señor, que Él se encargará de todo."

Si alguien nos hablaba negativamente o se nos venía en contra o intentaba alzar contienda entre nosotros, yo me ponía muy nerviosa y molesta. Pero Dave ni se inmutaba.

Yo decía, "Dave, ¿no te enloquece todo esto?".

"No", me contestaba, "No somos nosotros los del problema, sino que estas personas, ellas son las que tienen el problema. Nuestro corazón está bien con Dios, así que, ¿para qué dejarnos influenciar por estas cosas o permitir que nos molesten?"

A muchos de nosotros no se nos hace fácil desplegar ese nivel de estabilidad emocional y madurez espiritual.

Tenemos que anhelar con todo el corazón llegar a ese nivel. Tenemos que tomar la determinación firme que, no importa cuánto nos cueste, lo vamos a lograr. Tenemos que desarrollar en nuestro interior un hambre por lograrlo, como el hambre y la sed de justicia a las que se refiere Jesús en el Sermón del Monte (Mateo 5:6).

La estabilidad emocional como herencia espiritual

En él asimismo tuvimos herencia, habiendo sido predestinados conforme al propósito del que hace todas las cosas según el designio de su voluntad, a fin de que seamos para alabanza de su gloria, nosotros los que primeramente esperábamos en Cristo.

—Efesios 1:11, 12

Tenemos que saber quiénes somos en Cristo y qué es lo que nos pertenece por derecho, porque hemos depositado en Él nuestra confianza. *La estabilidad emocional es parte integral de nuestra herencia espiritual.*

No tenemos que vivir altibajos emocionales día tras día. Por el contrario, tenemos que vivir como lo hizo Cristo, con la paz y la seguridad que nos da saber quiénes somos y a Quién le pertenecemos.

Hasta que decidamos reclamar y vivir nuestra herencia, el enemigo seguirá robándonos de lo que la muerte de Jesús nos proporciona: Su paz y gozo que prevalece en nuestro interior, a pesar de que estemos rodeados por la confusión y el caos.

En Juan 16:33 Jesús dijo, "En el mundo tendréis aflicción; pero confiad, yo he vencido al mundo". Nos resulta imposible confiar hasta que nos tranquilicemos. Podemos gozar de la vida aunque no todas nuestras circunstancias sean perfectas. Sin embargo, no podemos tener gozo sin tener paz.

La estabilidad emocional como meta

Mi hijo David y yo tenemos el mismo tipo de personalidad, fuerte y colérica, así que con frecuencia solíamos tener fuertes discusiones verbales antes de aprender a someter nuestra personalidad al Señor.

Antes de aprender a depender de la ayuda del Espíritu Santo para dominar mis berrinches emocionales, sentía constantemente que estaba bajo condenación. Al fin dejé de sentirme culpable por mis lapsos emocionales cuando me dí cuanta que era un ser humano con una débil naturaleza y que si hubiera nacido siendo perfecta, no necesitaría un Salvador Perfecto.

Jesús se convirtió en el Sacrificio Perfecto dado por nosotros porque nuestra naturaleza humana es incapaz de perfección. Debemos recordar este hecho cuando estamos tentados a sentirnos sobrecogidos por la culpa y la condenación cada vez que fracasamos en dominar nuestras emociones.

Por medio de una serie de experiencias muy dolorosas con mi hijo, aprendí que tener un poco de humildad enseña una lección mucho más profundamente que una batalla campal. David comenzó a cambiar cuando comencé a cambiar yo, y yo comencé a cambiar cuando al fin me di cuenta de que, aunque tengo emociones, no tengo porqué rendirme a ellas.

El punto que intento traer a colación no es que ahora nunca experimente emociones negativas, sino que mi meta es la de controlar mis emociones, no permitir que sean ellas las que me controlen a mí. Pero, hasta que quedé convencida de que quería dejar de ceder ante el enojo, la lástima de mí misma y la depresión, era yo un manojo de nervios y estaba totalmente descontrolada.

Lo que tenía que hacer era fijarme la *meta* de llegar a la estabilidad emocional. Tenía que aprender, no a buscar carecer de sentimientos, sino a lograr vivir una vida emocional equilibrada.

El equilibrio

Sed sobrios, y velad; porque vuestro adversario el diablo, como león rugiente, anda alrededor buscando a quien devorar; al cual resistid firmes en la fe, sabiendo que los mismos padecimientos se van cumpliendo en vuestros hermanos en todo el mundo.

—1a de Pedro 5:8, 9

Tener templanza significa tener dominio propio. Y ser sobrio mentalmente significa ser juicioso y sensato.

Aquí a usted y a mí se nos aconseja que debemos ser bien equilibrados, tener dominio propio, ser sensato, arraigado, establecido, fuerte, inmutable y determinado.

Según este pasaje, ¿cómo se supone que conquistemos al diablo y soportemos sus ataques físicos y emocionales? Arraigándonos en Cristo. Puede que Satanás venga contra nosotros con sentimientos, pero no tenemos porqué rendirnos a las emociones. Podemos mantenernos firmes contra ellos aunque batallen contra nosotros y hasta causen en nosotros una pugna interior.

Ser constante y audaz...y en nada intimidados por los que se oponen, que para ellos ciertamente es indicio de perdición, mas para vosotros de salvación; y esto de Dios.

—Filipenses 1:28

No nos debemos dejar intimidar por nada, sino que, por el contrario, tenemos que ser constantes y audaces ante la oposición del enemigo; demostrar poseer un temperamento inmutable ante los ataques y las embestidas furiosas de nuestros oponentes y adversarios, tanto físicos como espirituales.

Cuando las personas o circunstancias se nos vienen encima para destruirnos, tenemos que pararnos firme, confiados que todo va a salir bien. No debemos cambiar, sino mantenernos constantes y permitir que sea Dios quien efectúe el cambio, que sea Él quien cambie las circunstancias.

Cuando surgen problemas, y lo harán de vez en cuando, no debemos dar por sentado que el Señor va a intervenir sin que lo invitemos a tomar control de nuestros problemas. A nosotros nos toca orar y pedirle que cambie nuestra circunstancia. A partir de ese momento, tenemos que permanecer constantes y no cambiar, lo que se constituirá en señal al enemigo de su pronta caída y destrucción.

¿Sabe usted la razón por la cual permanecer constantes y audaces ante el enemigo son señales de que es él quien lleva las de perder? Porque él sabe que de la única manera que puede vencer a un creyente es por medio del engaño y la intimidación. ¿Cómo puede él amenazar a alguien que no tiene temor alguno de él? ¿Cómo le será posible engañar a alguien que reconoce sus mentiras y se rehusa terminantemente a creérselas? ¿De qué le sirve atacar a alguien apelando al temor o al enojo o a la depresión cuando esa persona no se deja arrastrar por las emociones, sino que decide pararse firme en la Palabra de Dios?

Cuando el diablo ve que sus tácticas y artimañas no funcionan, se da cuenta de que está fracasando y de que será derrotado por completo.

Un ejemplo excelente de esta constancia y audacia la encontramos a la luz de unas temibles circunstancias en el libro de Éxodo, cuando los hijos de Israel estaban parados en las riberas del Mar Rojo y vieron cómo el ejército de Faraón se avecinaba para destruirlos.

> *Y Moisés dijo al pueblo; No temáis; estad firmes, y ved la salvación que Jehová hará hoy con vosotros; porque los egipcios que hoy habéis visto, nunca más para siempre los veréis. Jehová peleará por vosotros, y vosotros estaréis tranquilos.*
>
> —Éxodo 14:13, 14

Cuando usted se enfrenta a una situación similar a la de

los israelitas en este pasaje, tiene que hacer lo que se les instruyó a ellos que hicieran: permanecer constantes y firmes, estar tranquilos, y dejar que Dios pelee por nosotros.

Cómo mantener la calma en la adversidad

> *Bienaventurado el hombre a quien tú, JAH, corriges,*
> *y en tu ley lo instruyes,*
> *Para hacerle descansar en los días de aflicción,*
> *En tanto que para el impío se cava el hoyo.*
> *Porque no abandonará Jehová a su pueblo,*
> *Ni desamparará su heredad,*
> *Sino que el juicio será vuelto a la justicia,*
> *Y en pos de ella irán todos los rectos de corazón.*
> —Salmo 94:12–15

¿Qué es lo que el Señor nos dice aquí en este pasaje? Nos está explicando porqué El trata con nosotros y nos disciplina. Lo hace para que lleguemos al punto de que podamos mantener la calma en el día de la adversidad.

En los versículos 14 y 15, note que se hace énfasis en la fidelidad de Dios y en Su justicia que extiende a nosotros, Su heredad, los que nos mantenemos dentro de Su justicia. Podemos estar seguros de que, si estamos siendo obedientes a la Palabra y guiados por el Espíritu Santo, no tenemos nada que temer de nuestros enemigos, porque el Señor mismo peleará por nosotros la batalla.

Sin embargo, nosotros tenemos que querer esa ayuda. Como hemos visto, ni Dios mismo puede ayudar a alguien que no quiere ayuda. Si usted y yo verdaderamente queremos ayuda, entonces tenemos que mantenernos estables y esperar que Él se mueva a favor nuestro.

Cómo permanecer estable

El que habita al abrigo del Altísimo

Morará bajo la sombra del Omnipotente.

—Salmo 91:1

Cuando usted y yo sentimos que en nuestro interior crece una ola de emociones que amenaza con sobrecogernos, tenemos que correr hacia el abrigo del Altísimo y clamar: "Padre, ¡ayúdame a resistir esta ola de emociones que amenaza con sobrecogerme!"

Si así lo hacemos, el Señor ha prometido intervenir a nuestro favor. Tenemos que aprender a cobijarnos bajo Su sombra, donde permaneceremos sanos y salvos, sabiendo que no hay poder alguno ni en el cielo ni en la tierra que pueda oponérsele.

Cómo evitar los altibajos emocionales

Al esforzarnos por desarrollar una madurez espiritual, tenemos que tener cuidado de evitar ambos extremos emocionales. La mayoría de nosotros ha recibido mucha enseñanza sobre los bajones emocionales, tales como sentirse desalentado, deprimido, abatido y desesperado. Pero el Señor me ha revelado que también tenemos que evitar el otro extremo, que es un pico emocional.

Dios me ha mostrado que si nos dejamos controlar por un pico emocional estamos igual de desequilibrados que cuando nos rendimos a los bajones emocionales. Para mantener un equilibrio emocional tenemos que mantenernos dentro de un nivel estable, entre ambos extremos.

Es posible que le resulte difícil a ciertas personas mantener una estabilidad emocional porque se han vuelto adictos al entusiasmo. Por algún motivo les ha resultado imposible sentar la cabeza y vivir vidas normales diarias, como todos los demás.

Este tipo de persona siempre tiene que estar haciendo algo emocionante, todo el tiempo. De no ser así, se aburren y pronto buscan otra cosa que los haga sentirse emocionados. La búsqueda de cosas emocionantes a menudo los lleva a un nivel de estimulación emocional excesiva, no al gozo profundo que se supone caracterice la vida del creyente.

No tiene nada de malo sentirse entusiasmado o emocionado por algo, pero sí resulta peligroso ser excesivo.

El gozo se deleita en la tranquilidad

Estas cosas os he hablado, para que mi gozo esté en vosotros, y vuestro gozo sea cumplido.

—Juan 15:11

A veces nosotros los creyentes estamos bajo la impresión de que para ser llenos del gozo del Señor ¡tenemos que estar llenos de fuego y super emocionados!

Jesús sí nos dijo que Su gozo y Su deleite morarían en nosotros plenamente, ¡pero eso no significa que tenemos que colgarnos de las arañas de luces!

Sé que con frecuencia algunos instructores definen la palabra "gozo" como "regocijo o alegría", y hay cierto fundamento para dicha definición. En ciertos diccionarios griego-español aparece definida de esta forma: xaris, gozo, alegría, regocijo, contento, placer, gusto; causa *o* motivo de alegría. Pero el significado de la palabra griega *xara*, traducida como *gozo* en Juan 15:11, es "contentamiento".

Esta definición me gusta porque la he experimentado en mi propio matrimonio. Por más de treinta años he visto a mi esposo Dave vivir una vida de "contentamiento", lo que me ha bendecido sobremanera. Dave asemeja este tipo de contentamiento como un arroyo burbujeante que fluye tranquilamente, refrescando a todos los que toca a su paso.

Sin embargo, muchos de nosotros somos como el océano. Las emociones van y vienen como el estruendo de la marea. Un momento dado somos como una oleada de agua agitada que avasalla todo lo que se le interpone en el camino, y al momento siguiente se retira a todo dar, dejando expuestos escombros por doquier.

Después de años de vivir una vida de mareas emocionales, creció en mí un profundo anhelo por tener el tipo de vida ordenada y tranquila de la cual gozaba mi marido. Comprendo muy bien la tensión y la confusión que traen los altibajos emocionales en exceso.

No estoy diciendo que sea malo emocionarse de vez en cuando. Lo que sí asevero es que hay que tener cuidado de no "sobrerreaccionar" porque este extremo lleva decididamente al desánimo y a la desilusión.

Cómo adaptarse y reajustarse

Gozaos con los que se gozan; llorad con los que lloran.
Unánimes entre vosotros; no altivos como asociándoos con
los humildes. No seáis sabios en vuestra propia opinión.
—Romanos 12:15, 16

Existe un equilibrio que hay que aprender a mantener en este delicado ámbito de reacciones emocionales apropiadas.

Por ejemplo, cuando Dave me sorprendió regalándome el hermoso reloj pulsera de oro que tanto quería, me inundó el gozo, o sea que sentía un contentamiento al respecto. Le agradecí a Dios que me había dado un marido que me amaba lo suficiente como para tener gestos tan lindos para conmigo. También le agradecí porque tuve suficiente sentido común como para dejar que Él obrara en mí Su plan, en vez de intentar hacerlo por mi cuenta. Si hubiera comprado el reloj que me parecía que podía pagar, hubiera terminado con un reloj barato que no me habría satisfecho por mucho tiempo.

Aunque rebosaba de alegría, no reaccioné como lo hubiera hecho diez años atrás. No corrí a la oficina a mostrarle a todo el mundo lo que llevaba puesto en la muñeca. Es más, fui disciplinada y no le conté a nadie excepto a mis hijos y mis amigos más íntimos.

Si alguien lo notaba y decía, "Ah, tienes reloj nuevo", contestaba, "Sí, me lo compró Dave. Qué gesto tan bonito, ¿no te parece?"

A menudo anulamos el gozo y la bendición que debería existir entre nosotros y el Señor debido a que, cuando Él hace algo especial por nosotros, corremos por todo el barrio pregonándolo entusiasmadamente a todo el que nos encontramos por el camino.

Mas no termina aquí el relato. La mañana siguiente me di cuenta que el reloj no marcaba la hora como es debido.

Pensé, "Dave no debe haberle puesto bien la hora".

Halé la perilla del reloj para fijar las manecillas, pero no lograba que se movieran. No diría que eso me desanimó, pero sí me desilusioné un poco.

Mi hija Sandy me dijo, "Mamá, la verdad que estás bien tranquila para haber recibido un reloj tan caro que no funciona".

¿Sabe por qué me comportaba de esa manera? Porque como no me permití a mí misma emocionarme demasiado con el reloj, no me afligí demasiado cuando no funcionó bien. Si hubiera corrido por todos lados enseñándole el reloj, y alardeando, a medio mundo, hubiera permitido que se convirtiera en el centro de mi alegría y de mi gozo. Entonces, cuando descubriera que no funcionaba, me habría abrumado, y mi gozo se habría esfumado.

Tenemos que aprender a disfrutar de la vida y de las cosas lindas que nos depara, sin emociones excesivas.

Permita que comparta con usted otra ilustración.

Hace algún tiempo compré una casa nueva justo cuando estaba aprendiendo lo que estoy compartiendo con ustedes acerca del contentamiento. La gente me preguntaba, "¿Estás emocionada por la casa nueva?" La verdad es que no estaba emocionada. Tenía un gozo sosegado, un contentamiento, pero no estaba para nada entusiasmada.

Sé que la casa fue un don del cielo, y lo acepté con mucho agradecimiento. Tenía paz al respecto, pero eso era todo.

Habíamos vivido en la casa anterior por diecisiete años, así que ya era hora de cambiar. La nueva casa era además una buena inversión financiera para nosotros. Así que, debido a esas razones, me sentía llena de un contentamiento, pero no estaba para nada emocionada. Tampoco me puse de luto ni sentí pesadumbre al dejar nuestra casa de diecisiete años. Nuestros hijos pasaron allí su niñez. El primer estudio bíblico que enseñé tomo lugar allí, y había muchos otros recuerdos más. Pero había tomado la determinación de que no iba a desgastarme emocionalmente antes de mudarme a la casa nueva. Había aprendido a adaptarme y reajustarme según las circunstancias cambiaban a mi alrededor, sin llegar a excesos emocionales.

El aburrimiento emocional

Cuando uno primero empieza a hacer caso omiso del emocionalísmo y de los extremos emocionales, vive una época de *aburrimiento* emocional.

Durante los meses luego de que el Señor me librara de los excesos emocionales y me ayudara a entrar en una paz sosegada, en el contentamiento, literalmente tuve que luchar contra el pensamiento: "La verdad que esto es aburridísimo".

Eso se debe a que, al igual que muchos otros cristianos, me había vuelto adicta a las emociones.

Adicciones emocionales

Había pasado tantos años preocupando e inquietándome, tratando de encontrarle el sentido y la razón de ser de las cosas, dada a intrigas y manipulaciones, surcando las crestas de los altibajos de las oleadas emocionales, que cuando a mi mente vino la calma y el sosiego, mi carne entró en trauma.

El Señor se sirvió de esa experiencia para enseñarme una importante lección. Me demostró que muchos de nosotros tenemos adicciones emocionales.

Al igual que muchos, me encontraba tan adicta a la preocupación que si no hubiera tenido de qué preocuparme, ¡me habría preocupado porque no tenía nada de qué preocuparme! Hay quienes están tan adictos a sentirse culpables, que si no han hecho nada de lo que tengan que sentirse culpables, ¡se sentirían culpables de no sentirse culpables!

De igual manera es posible volverse adicto al entusiasmo o a sentirse emocionado. Tal como el drogadicto corre por todos lados buscando de dónde sacar su próxima dosis para sentirse "iluminado" por las sustancias químicas, los que son adictos del entusiasmo corren por doquier en búsqueda de un "pico" emocional. Hay personas que no saben cómo vivir una vida diaria normal y corriente.

Otros están enfocados de una manera tan compulsiva a lograr metas trazadas que siempre andan en búsqueda de un nuevo reto o desafío. Tan pronto logran su objetivo se sienten aburridos hasta que encuentran otra meta que alcanzar.

Un joven con esta última característica que trabaja para nosotros me comentó un día, "Creo que al fin comienzo a comprender algo que me ha costado muchísimo entender".

"¿Y qué es?", pregunté.

"Me parece que de una vez por todas comprendo que una gran parte de la rutina de una vida normal consiste en levantarse y acostarse, levantarse y acostarse".

Si nosotros los que nos enfocamos sólo en alcanzar metas pudiéramos comprender esta verdad, ¡nos ahorraríamos a nosotros mismos y a todos los que nos rodean de muchos dolores de cabeza!

Es posible que no todos seamos llamados a llevar a cabo una tremenda obra que estremezca el mundo entero. La unción de Dios viene para que hagamos grandes obras, pero también para brindarnos ayuda sobrenatural para gozar de la rutina de la vida diaria.

En calidad de creyentes somos llamados a amar a Dios, a tener comunión con Él y con nuestro prójimo, a ser de bendición no importa adónde vayamos, a traer un poco de gozo a la vida de los demás, a vivir en armonía con nuestro cónyuge, a criar a los hijos que Él nos da, y a seguir levantándonos y acostándonos, y hacerlo con plenitud de gozo en el Señor. El Salmo 100:2 nos dice que debemos servir a Dios ¡con alegría!

Habrá días en los cuales Dios traiga momentos emocionantes, pero no debemos pasarnos la vida buscando esos picos emocionales.

Hay veces que mis reuniones son emocionantes, y cuando así se dan las cosas, me siento agradecida. Doy por sentado que el Señor pensaba que necesitaba ese poco de aliento para ayudarme a seguir adelante.

Pero aún así debemos ser cuidadosos, porque el entusiasmo crea un deseo se sentir un entusiasmo aún mayor. Si no somos juiciosos, iremos en pos del entusiasmo en vez de buscar la voluntad de Dios. Podemos comenzar a pensar que si un culto en la iglesia no resultó emocionante, que algo andaba mal. Puede que salga de una reunión sintiéndome muy satisfecha, aunque sin emocionarme.

Usted y yo tenemos que aprender a no permitir que las circunstancias externas afecten tanto nuestro interior.

No todas mis reuniones son emocionantes. Comprar una casa nueva puede llegar a ocurrir sólo una o dos veces en la vida. Raras veces alguien nos sorprende con un reloj de oro nuevo. Muchos días pasan sin grandes bombos ni platillos emocionales. Pero recuerde, que hemos sido ungidos con el Espíritu Santo para encarar como es debido la vida diaria y rutinaria.

Donde nos metemos en problemas es cuando no está pasando nada, así que queremos empezar algo. Sí necesitamos de una cierta variedad en la rutina diaria. Pero tenemos también que aprender a ser guiados por el Espíritu Santo y no por nuestras adicciones emocionales.

No todos los días es feriado. No toda comida es un banquete. No todo evento es una obra extravagante y fantástica. La mayoría del tiempo la vida sencillamente sigue un paso normal, regular, constante. Eso es lo que deberíamos hacer también nosotros. Deberíamos aprender a controlar las emociones y evitar los altibajos emocionales que no permitirán que disfrutemos del continuo contentamiento en el cual Dios quiere que vivamos.

6

❦

Cómo comprender qué es la depresión y cómo sobreponerse a ella

Casi titulo éste capítulo "Los picos y los valles: los estimulantes y los tranquilizantes". Es más, ése es el título que había escrito en mis apuntes, pero cambié de parecer. Pensé que a lo mejor usted pensaría que éste capítulo trataría sobre las drogas, pero no se trata de eso en lo absoluto.

En la vida hay muchas cosas que nos "estimulan" y nos "tranquilizan", aparte de los fármacos que causan estas reacciones. Mi intención en éste capítulo es la de demostrar cómo Satanás es el que trae los "valles" y Jesucristo el que introduce los "picos".

En el pozo de la desesperación

Pacientemente esperé a Jehová;
Y se inclinó a mí, y oyó mi clamor.
Y me hizo sacar del pozo de la desesperación,
del lodo cenagoso;
Puso mis pies sobre peña, y enderezó mis pasos.
                                        —Salmo 40:1, 2

Cuando la Biblia habla de un "pozo", como lo hace en este pasaje del libro de los Salmos, siempre me hace pensar de las profundidades de la depresión.

Como veremos más adelante, con frecuencia el rey David hablaba de sus sentimientos como si estuviera cayéndose en un pozo y clamando al Señor para que lo rescatara y pusiera sus pies sobre tierra firme.

Al igual que al rey David, a nadie le gusta estar en el pozo de la depresión. Es un lugar horrible, no pienso que exista lugar peor que ése. Además de la depresión misma, existen los horribles pensamientos que Satanás evoca en nuestra mente y en nuestros recuerdos cuando nos encontramos en esa condición.

Cuando nos sumimos en una profunda depresión, ya nos sentimos bastante mal. Para colmo, viene además Satanás para echar leña a nuestra desdicha haciéndonos recordar todas las cosas horribles que jamás hayamos pensado, dicho o hecho. Su meta es la de hacernos sentir tan desdichados que perdamos la esperanza de jamás causarle a él problema alguno, ni cumplir con el llamado que Dios tiene para nuestra vida.

Tenemos que aprender a resistirnos a caer en la fosa de la depresión, pues allí nos encontraremos a la merced del torturador de nuestra alma, quien está decidido a destruirnos a nosotros y a desacreditar nuestro testimonio para Cristo.

Tierra de rectitud

Líbrame de mis enemigos, oh Jehová; En tí me refugio. Enséñame a hacer tu voluntad, porque tú eres mi Dios; Tu buen espíritu me guíe a tierra de rectitud.
—Salmo 143:9, 10

Como aprendimos en el capítulo anterior, si vamos a evitar los valles de la depresión, debemos también evitar los picos del entusiasmo y el emocionalismo. Cuando nos emocionamos demasiado y hacemos un pico emocional, tarde o temprano tendremos que bajarnos de la cima. Cuando lo hacemos, pocas veces nos detenemos a un nivel emocional normal, lo que el rey David llamó "tierra de rectitud", sino que continuamos el descenso hasta caer vertiginosamente en las profundidades de la depresión.

Creo realmente que a lo que el rey David se refería en el Salmo 143 no era un terreno llano e uniforme, sino a las emociones equilibradas.

Una señor que trabaja con maniacodepresivos me dijo una vez que, al lidiar con este tipo de persona, los profesionales de la salud todavía no han logrado ni evitar que se suman en la depresión, ni que suban a las nubes emocionales, debido a que un extremo emocional ejerce una influencia directa sobre el otro opuesto. Su meta es de mantener a los pacientes en un nivel uniforme el mayor tiempo posible, en un lugar donde experimenten un equilibrio emocional de continuo.

Tal como hemos aprendido, en calidad de creyentes usted y yo tenemos que mantenernos lo más posible en un estado de equilibrio uniforme. Tenemos que evitar hacernos tan adictos al emocionalísmo que tenemos que mantenernos continuamente en un pico emocional, o si no, nos arriesgamos a caer en el abatimiento de la depresión. En vez de montarnos en un sube y baja emocional donde vamos de un extremo a otro, tenemos que andar en el gozo del Señor, que como hemos definido significa con contentamiento.

"Valles"

¿Por qué te abates, oh alma mía,
Y por qué te turbas dentro de mí:
Espera en Dios; porque aún he de alabarle,
Salvación mía y Dios mío.

—Salmo 43:5

En la Biblia no encontramos la palabra "depresión", pero el término que más se le asemeja es "abatimiento", tal como lo encontramos en el Salmo 43:5 donde el rey David se plantea: "¿Por qué te abates, oh alma mía…?"

Aunque el término depresión no se utiliza en la Biblia, sí existen muchos otros términos relacionados a este estado emocional que vamos a detallar a continuación, tales como: la desesperación, el desánimo, la desilusión, la destrucción, la deuda, la angustia y la división o contienda. Estas son sólo algunas de las emociones que Satanás intenta utilizar para hacernos caer en la depresión.

Se podría decir que todos estos términos son augurio de la depresión que se avecina. Ya que todos tenemos que estar alertas al respecto. He estudiado a fondo cada uno de ellos para que aprendamos más cómo nos afectan.

La desesperación

…que estamos atribulados en todo, mas no angustiados; en apuros, mas no desesperados…
— 2a Corintios 4:8

¿Qué es la desesperación? Según el DRAE significa "pérdida total de la esperanza; alteración extrema del ánimo causada por cólera, despecho o enojo". *Desesperada*, quiere decir "poseído por la desesperación; acudiendo a remedios extremos para lograr lo que no parece posible de otro modo". Yo lo defino como no saber qué hacer o no verle salida alguna a un asunto.

Todos sabemos cuán frustrado se siente cuando sabemos que tenemos que hacer algo en nuestra situación pero no sabemos qué. No importa por donde le demos vuelta, el asunto no parece tener salida alguna.

Sin embargo, para el creyente siempre hay una salida para cada situación porque Jesús nos ha dicho que Él es *el camino* (Juan 14:6).

Cuánto me consuela recordar que, aunque hay veces que

me siento como se sentía el apóstol Pablo en 2a Corintios 4:8: ...*atribulados en todo, mas no angustiados; en apuros, mas no desesperados*... porque no parezca tener solución mi problema; el Señor ha prometido que jamás me desamparará ni me dejará (Hebreos 13:5). Así que, cuando me encuentro en un callejón sin salida, no me voy a sumir en la desesperación porque sé que Él me mostrara qué camino debo tomar y me guiará a la victoria.

La desilusión, el desánimo y la destrucción

Los pensamientos son frustrados donde no hay consejo;
Mas en la multitud de consejeros se afirman.
—Proverbios 15:22

Mira, Jehová tu Dios te ha entregado la tierra, sube y toma posesión de ella, como Jehová el Dios de tus padres te ha dicho; no temas ni desmayes.
—Deuteronomio 1:21

Bendice, alma mía, a Jehová,
Y bendiga todo mi ser su santo nombre.
El que rescata del hoyo tu vida;
El que te corona de favores y misericordias.
—Salmo 103:1, 4

Todos nos desilusionamos cuando tenemos un plan que fracasa, una esperanza que no se vuelve realidad, una meta que no logramos alcanzar.

Todos nos desilusionamos cuando las cosas no salen de la manera que esperábamos. Pasamos por toda una gama de desilusiones, desde una merienda en el campo hasta la enfermedad o muerte de un ser querido. Nos sentimos desilusionados cuando un reloj nuevo no funciona o cuando al hijo a quien esperábamos que le fuera bien, le va mal.

Cuando ocurre este tipo de situación, durante un tiempo nos sentimos defraudados, lo que puede llevarnos a una depresión si no encaramos bien el asunto.

Es en ese momento que tenemos que tomar la decisión de adaptarnos y reajustarnos, a tomar un enfoque distinto, a seguir adelante a pesar de nuestros sentimientos. Es en ese entonces que hay que recordar que mayor es el que está en nosotros que el que está en el mundo (1a Juan 4:4), así no importa lo que pueda llegar a sucedernos que nos haga sentir frustrados, ni cuánto tiempo tome para que nuestros sueños y metas se hagan realidad, no vamos a darnos por vencidos sólo debido a nuestras emociones.

Este es el momento en el cual hay que recordar lo que Dios me habló en una oportunidad similar: "Cuando te sientas desilusionada, ¡nada te impide volver a ilusionarte!"

A menudo la desilusión lleva al desánimo, que es un paso más hacia la depresión. Todos hemos experimentado ese sentimiento deprimente cuando hemos intentado por todos nuestros medios hacer algo y, o nada ocurre o fracasamos totalmente, lo que es una forma de destrucción.

Cuán desilusionante y desanimante es ver que las cosas que nos son queridas son destruidas por los demás o, peor aún, por nuestra propia negligencia o fracaso. A pesar de cómo se da, o quién sea el responsable, es difícil seguir adelante cuando todo aquello en lo que habíamos puesto nuestra confianza se desmorona a nuestro alrededor. Es en ese entonces que nosotros, los que tenemos en nuestro interior el poder creativo del Espíritu Santo, podemos obtener una nueva visión, una nueva dirección, y una nueva meta que nos ayude a repeler la atracción casi magnética que nos quiere impulsar hacia la desilusión, el desánimo y la destrucción.

La deuda

…paga a tus acreedores…

—2a de Reyes 4:7

Hemos visto que la Biblia enseña que *"No debáis a nadie*

nada, sino el amaros unos a otros..." (Romanos 13:8). Cuando permitimos que nos abrume la deuda, podemos desanimarnos, y acabar por deprimirnos.

¿No se ha dado cuenta usted todavía que son las emociones fuera de control las que nos hacen endeudarnos? Intentar vivir más allá de la medida de nuestras posibilidades porque queremos comprar cosas que nos complacen o nos dan prestigio o para impresionar a los demás lo lleva a uno a endeudarse.

Cuando Dave y yo éramos recién casados tuvimos problemas de dinero a causa de las deudas. Lo hicimos porque usábamos las tarjetas de crédito hasta el límite comprando las cosas que queríamos para nosotros y para nuestros hijos. Pagábamos el mínimo permitido para cada tarjeta todos los meses, pero el interés era tan exorbitante, que nunca lograbamos reducir la deuda. De hecho, cada vez nos endeudábamos más.

¿Por qué? Las emociones y la falta de sabiduría.

Si usted y yo vamos a llegar a algo dentro del reino de Dios, tenemos que aprender a vivir por medio de la sabiduría y no del deseo carnal, que viene de las emociones humanas (Proverbios 3:13).

La Biblia enseña que Jesús *...nos ha sido hecho por Dios sabiduría...* (1a Corintios 1:30) y que el Padre nos ha dado el *...espíritu de sabiduría y de revelación en el conocimiento de él* (Efesios 1:17). Si escuchamos los dictados del Espíritu Santo, no nos meteremos en problemas. Mas si vivimos por los dictados de la carne, nuestro fin es la destrucción.

La sabiduría toma la decisión hoy de la cual se sentirá cómoda con el mañana. La emoción actúa sobre lo que se siente bien en el momento y ni siquiera considera el mañana. Cuando el mañana llega, el sabio lo disfrutan en paz y seguridad, pero el necio termina sumido en el desánimo y la depresión. ¿Por qué? Debido a que el sabio hizo provisiones para el mañana y puede entonces disfrutar del fruto de sus labores, mientras que el necio disfrutó primo y ahora tiene que pagar por el ayer.

Es mucho mejor trabajar ahora y jugar después, que jugar ahora y ¡arrepentirse después!

Uno se desanima mucho cuando recibe el correo día tras día y lo único que encuentra son facturas, facturas y más facturas. A la larga ese desánimo lo lleva a uno a sentirse deprimido debido a la presión que siente por no ver que haya una solución al problema de la deuda. Cuando cargamos a la tarjeta cosas por las cuales no podemos pagar, estamos gastándonos hoy la prosperidad que estaba destinada para el mañana. Entonces, al llegar el mañana, lo único que nos queda es, deuda.

¿Cuántas personas en este preciso instante están sumidos en la más profunda de las depresiones debido a que los sobrecoge la deuda?

Para vivir una vida disciplinada, que es lo que hay que hacer para poder producir buen fruto en nuestra vida, tenemos que estar dispuestos a invertir hoy para que podamos cosechar mañana.

Para aliviar ese sentimiento de desánimo y depresión que surge a raíz de la deuda, tenemos que salir de toda deuda siendo autodisciplinados, pensando no en los sacrificios del momento sino en las recompensas del mañana.

La enfermedad, la angustia y la división

> *Y rodeó Jesús toda Galilea, enseñando en las sinagogas de ellos, y predicando el evangelio del reino, y sanando toda enfermedad y toda dolencia en el pueblo.*
> —Mateo 4:23

> *En mi angustia invoqué a Jehová,*
> *Y clamé a mi Dios.*
> *El oyó mi voz desde su templo,*
> *Y mi clamor llegó delante de él, a sus oídos.*
> —Salmo 18:6

> *Os ruego, pues, hermanos, por nuestro Señor*

Jesucristo, que habléis todos una misma cosa, y que no haya entre vosotros divisiones, sino que estéis perfectamente unidos en una misma mente y en un mismo parecer.

—1a Corintios 1:10

Un sinónimo de la palabra enfermedad es "malestar", que sencillamente quiere decir, estar o sentirse mal. Si alguien de continuo se siente mal, su "mal-estar" puede arrastrarlo a la depresión. Es por eso que decimos que estar enfermo es deprimente.

Según el DRAE un sentimiento de angustia significa *aflicción, congoja, ansiedad; temor opresivo sin causa precisa; aprieto, situación apurada; sofoco; dolor o sufrimiento.* La angustia también lleva a la depresión si no la controlamos como es debido.

Como vemos en 1a Corintios 1:10, aquí división significa discordias, facciones, falta de armonía, desacuerdo y contiendas. Para muchos, incluso para mí, resultan deprimentes las divisiones. Odio la falta de armonía y la discordia. Desdeño las discusiones y las disputas. No soporto las facciones y las divisiones.

Antes me daba con pelear y siempre andaba buscando excusas para hacerlo. Ahora soy amante de la paz, la armonía y la tranquilidad. Nada me deprime más que la división, sea en mí misma o entre mis seres más queridos, como en mi familia. Estoy segura que Dios siente lo mismo respecto a Su Familia.

La división, al igual que todos estos sentimientos deprimentes surgen cuando uno se deja llevar por los sentimientos, en vez de por el Espíritu, tal como leemos en Santiago 4:1: *¿De dónde vienen las guerras y los pleitos entre vosotros? ¿No es de vuestras pasiones, las cuales combaten en vuestros miembros?*

El resultado de todos estos sentimientos deprimentes es el mismo: emociones conflictivas aún no resueltas, que tarde o temprano llevan a la desdicha y a la destrucción.

"Estimulantes"

¡Oh Jehová, cuánto se han multiplicado mis adversa-
rios!
Muchos son los que se levantan contra mí.
Muchos son los que dicen de mí:
No hay para él salvación en Dios.

Selah

Mas tú, Jehová, eres escudo alrededor de mí;
Mi gloria, y el que levanta mi cabeza.

—Salmo 3:1–3

Aunque en esta vida hay cosas que nos deprimen, también hay cosas que nos alientan y estimulan.

En este pasaje, el salmista dice que a pesar de su aflicción, no se angustiará ni se deprimirá, porque su confianza está en el Señor, el que levanta su cabeza.

En Hebreos 12:12 leemos: *Por lo cual, levantad las manos caídas y la rodillas paralizadas...*Y en 1a Timoteo 2:8 el apóstol Pablo escribe: *Quiero, pues, que los hombres oren en todo lugar, levantando manos santas, sin ira ni contienda.*

Cuando nos sentimos deprimidos, cuanto está a nuestro alrededor comienza a desmoronarse y a perder la fortaleza. Andamos alicaídos de cabeza, manos y corazón, aún de ojos y hasta bajamos la voz.

Esta postura decaída puede deprimirnos aún más. Cuando estamos decaídos, el Señor nos dice, al igual que le dijo a Abraham, *...Alza ahora tus ojos, y mira desde el lugar donde estás hacia el norte y el sur, y al oriente y al occidente* (Génesis 13:14).

Tenemos el corazón y los ojos alicaídos porque estamos mirando el problema, en vez de alzar la vista al Señor.

En Génesis 13 leemos que había contienda entre los pastores de Abraham y de su sobrino Lot porque no había lugar suficiente para que pastaran y cupieran los ganados de ambos a la vez. Así que Abraham sugirió que Lot fuese en una dirección y él iría en la opuesta. Permitió que fuera Lot quien decidiera hacia dónde quería ir, y su sobrino escogió las mejores tierras. Abraham, sus ganados y sus siervos se quedaron con las tierras menos fértiles. En ese momento el Señor le dice que alce la vista y mire a su alrededor en todas las direcciones, porque le estaba concediendo todas las tierras que podía divisar para que fueran su heredad, prometiendo que lo bendeciría y prosperaría abundantemente.

Es bueno que nosotros recordemos en la actualidad esta lección. Cada vez que la gente nos desilusiona, en vez de desanimarnos y deprimirnos, el Señor quiere que decidamos en vez levantar la cabeza y los ojos y mirar confiadamente a nuestro alrededor, seguros de que Él nos guiará a una situación aún mejor que ya ha preparado para nosotros de antemano. Resulta tan tentador decir, "¿De qué sirve?", y echar todo por la borda, en vez de movernos hacia una nueva dirección, como lo hizo Abraham.

El Señor constantemente nos exhorta a levantar los ojos y alzar la cabeza el el corazón para tomar inventario de nuestras bendiciones y no de nuestros problemas, para que fijemos en Él la mirada, y no en el mal que Satanás quiere traernos debido a que Dios tiene planes para bendecir y prosperarnos abundantemente.

No importa cómo le haya ido en la vida hasta este momento, usted únicamente tiene dos opciones. Una es la de tirarlo todo por la borda y darse por vencido. La otra es salir adelante. Si se decide por la segunda opción, nuevamente, tiene dos opciones adicionales. La primera es vivir constantemente deprimido sintiéndose desdichado. La segunda es vivir lleno de esperanza y de gozo.

Escoger vivir lleno de esperanza y de gozo no significa que jamás sufrirá desilusiones ni tendrá que hacerle frente a situaciones desanimantes. Sólo que ha tomado la decisión firme de que no va a permitir que estas cosas lo afecten negativamente. Por el contrario, va a levantar los ojos, erguir la cabeza y alzar el corazón y fijar la mirada, no en los problemas, sino en el Señor, quien ha prometido darle abundancia y victoria.

Satanás quiere deprimirlo, pero Dios quiere levantarlo. ¿Con cuál de las dos opciones se quedará? ¿Las "deprimentes" o las "estimulantes"?

El estímulo del Espíritu Santo

Y yo rogaré al Padre, y os dará otro Consolador, para que esté con vosotros para siempre.

—Juan 14:16

¿Sabía usted que el ministerio del Espíritu Santo es el de animarlo y levantarlo?

Antes de Jesús subir al cielo le dijo a sus discípulos, *Y yo rogaré al Padre, y os dará otro Consolador, para que esté con vosotros para siempre* (Juan 14:16).

La palabra griega de la cual derivamos la palabra "consolador" se traduce en éste versículo como *paracletos* que significa "el que está llamado a estar a nuestro lado", o sea, que viene a nuestro auxilio. O sea que el Consolador es el que viene a nuestro lado para alentarnos, edificarnos y exhortarnos.

¿Proseguir o quedarse atrás?

Hermanos, yo mismo no pretendo haberlo ya alcanzado, pero una cosa hago: olvidando ciertamente lo que queda atrás, y extendiéndome a lo que está delante, prosigo a a la meta, al premio del supremo llamamiento de Dios en Cristo Jesús.

—Filipenses 3:13, 14

Como había indicado anteriormente, ni la palabra "depresión" ni la palabra "deprimir" se encuentran en la Biblia, así que las busqué en el diccionario. Según el DRAE, *deprimir* significa: 1. Disminuir el volumen de un cuerpo por medio de la presión. 2. Hundir alguna parte de un cuerpo. 3. *Fig.* Humillar, rebajar, negar las buenas cualidades de una persona o cosa. 4. Producir decaimiento del ánimo. 5. Disminuir el volumen de un cuerpo o cambiar de forma por virtud de un hundimiento parcial. 6. Aparecer baja una superficie o una línea con referencia a las inmediatas. 7. Padecer un síndrome de depresión.

Cuando Satanás lo ataca a usted o a mí para deprimirnos, está intentando presionarnos, hundir nuestro espíritu, humillarnos, rebajarnos y hacernos sentir poca cosa, hacer decaer nuestro ánimo para que disminuyamos en nuestra capacidad de servir a Dios robarnos de nuestra fuerza, o sea, debilitarnos. Está intentando detener nuestro progreso hundiéndonos.

Satanás quiere usar la depresión para drenarnos de energía, hacer que nos estanquemos y aún retrocedamos, mientras que Dios lo que quiere es sacarnos adelante.

La pregunta es, ¿estamos siendo presionados, o vamos a ejercer presión sobre la depresión y salir airosos?

Los efectos de la depresión

Una de las definiciones que el DRAE da para la palabra *depresión* es "concavidad de alguna extensión en un terreno o en otra superficie". En otras palabras, un hueco.

Satanás quiere hundirnos de manera tal que funcionemos por debajo del nivel de los demás y estemos huecos por dentro.

La definición clínica que la rama de la psiquiatría le da a la palabra es "una condición neurótica o psicótica marcada por una falta de concentración".

En una depresión extrema, una persona puede llegar a padecer de una falta de concentración hasta tal punto, que Satanás puede tomarlo cautivo.

En mi propia vida he llegado a estar en un estado depresivo tan profundo, que leía la misma oración de un libro una y otra vez y a pesar de ello no lograba comprender su significado. ¿Por qué? Debido a que mi mente no estaba funcionando como es debido.

La inactividad, la flojera, la torpeza que experimenta la persona, se le hace difícil concentrarse, padece de insomnio y tiene sentimientos de abatimiento, desánimo, desaliento y culpabilidad. Además de esto, alejarse parcial o totalmente de la sociedad son todos síntomas de una depresión extrema.

Hubo veces en que me sentía tan deprimida que no quería ver a nadie, y ni siquiera vestirme. Sólo quería sentarme a solas en una habitación oscura y tenerme lástima a mí misma. Lo único que hacía para pasar el tiempo era mirar una película triste por televisión que terminaba haciéndome llorar la noche entera.

De hecho, cuando Dave y yo primero nos casamos, tuve una depresión tan profunda que pensé que me quería suicidar. Hice una cita para hablar con mi pastor al respecto.

Cuando nos reunimos, me había vestido muy bien para la ocasión, como lo hago cada vez que salgo. En cuanto entré a su oficina le dije, —Pastor, me parece que estoy al borde del suicidio.

—De ninguna manera—, contestó.

—Sí que lo estoy—, le contesté.

—No, no lo estás—, repitió. —La persona que está a punto de suicidarse de ninguna manera se toma el tiempo de cepillarse el pelo, maquillarse y vestirse tan bien.

Me dejó anonadada y sin aliento.

No sufría yo de una depresión suicida, sino de una forma menos fuerte pero que lo hace sentir a uno más desdichado y que surge a raíz de escuchar lo que dice el enemigo en vez de escuchar a Dios.

Las causas de la depresión

¿Qué causa la depresión? Existen muchas causas, una de ellas es el sentimiento de *culpa*.

Hay quienes están presionados y cargados a tal punto por tener sentimientos de culpabilidad, que tienen que ser hospitalizados por su depresión. Durante mi vida ministerial me he topado con personas que hasta habían llegado a un estado catatónico porque se culpaban a sí mismos por algo, o por todo, lo que les ha ocurrido en la vida.

Una de las razones por las cuales debemos resistirnos a los ataque satánicos que intentan bajonearnos y sumirnos en le desesperación y la depresión es para evitar llegar a un estado tal que tengamos que ser hospitalizados o nos volvamos catatónicos. La Palabra no promete que nunca nos atacarán el desaliento, el desánimo ni ninguna de estas otras emociones negativas, pero sí nos asegura que cuando se nos enfrenten podemos defendernos exitosamente contra ellas porque tenemos en nuestro interior el Espíritu para resistir y salir airoso, no importa qué artimaña intente destruirnos.

La victoria viene al reconocer que usted está siendo atacado y en saber cómo responder al ataque para vencer al enemigo que lo inició.

Puede que el mundo permanezca pasivo, pero usted y yo debemos permanecer activos. Puede que el mundo opere en la carne, pero nosotros tenemos que operar en el Espíritu, quien mora en nosotros para fortalecer, guiar y potenciarnos.

Otra causa de la depresión es el *complejo de inferioridad*.

Cada uno de nosotros tiene puntos fuertes y puntos débiles. Tenemos que hacer frente a la verdad en lo que nos concierne, pero no tenemos que autocriticarnos por nuestras debilidades humanas. Sencillamente tenemos que aprender a no enfocar la atención todo el tiempo sobre nosotros mismos. Por el contrario, tenemos que permitir que sea el Espíritu Santo el que dirija nuestra mente a enfrentar la verdad acerca de nosotros mismos con la cual Él quiere que lidiemos.

La tercera causa de la depresión es el *cambio*.

A menudo la razón por la cual los sentimientos nos causan tantos problemas es porque existe algún tipo de desequilibrio químico en nuestro cuerpo. Ahora, eso no quiere decir que debemos achacarle todos los sentimientos depresivos a estos cambios fisiológicos o químicos, pero sí es una posibilidad que vale la pena investigar.

He lidiado con personas que estaban al borde del suicidio sólo para descubrir que su problema no era ni mental ni emocional, sino físico. Una vez resuelto éste, pudieron volver a hacer su vida normal.

En mi propia vida he tenido tres operaciones de envergadura. Antes de cada una el personal médico me advertía que a veces luego de que a uno le dan el alta del hospital era posible que pasaría por una temporada de sentirme deprimida. Me dijeron que forma parte de la reacción de nuestro organismo y nuestra fisiología.

Aunque pensé que no me sucedería a mí, y que si sucediera, yo sencillamente lo reprendería en el nombre de Jesús, de todos modos sí me sentí deprimida luego de mi primera operación. Y resultó ser un problema bastante más serio de lo que había anticipado. La próxima vez que me tuve que operar estaba mucho mejor preparada para hacerle frente.

Otro cambio médico incluye la menopausia para las mujeres y la crisis de los cuarenta para los hombres.

Por ejemplo, el nivel de estrógeno, una hormona femenina, comienza a disminuir en la mujer y pueden comenzar a tener cambios en sus cuerpos que pueden afectarles profundamente la mente y las emociones.

De manera similar, cuando llegan a cierta edad, los hombres que siempre han tenido control sobre sus vidas pueden de repente sentir que la vida se les escapa de las manos y pueden comenzar a comportarse de manera extraña, lo que por lo general suele ser tan solo una manifestación distinta de la depresión.

Otro tipo de cambio ocurre en nuestra rutina diaria o en nuestra existencia. Los cambios, tales como un nuevo empleo, mudarse, cambiar de carrera, o aún casarse y comenzar a tener familia pueden traer consigo tensiones emocionales con las cuales hay que lidiar.

Cualquier tipo de cambio grande, aún un cambio bueno, como tener un hijo o jubilarse del trabajo, pueden iniciar una depresión y, muchas veces, ignoramos completamente la causa del problema.

Otra causa de la depresión es el *miedo* o *temor.*

Tenerle miedo a algo le abre la puerta a Satanás para intensificar aquello que nos causa miedo o temor para empeorarla. El miedo mismo es una reacción al cambio, a lo desconocido. De lo cual nos tenemos que dar cuenta que, mientras que el temor es una reacción normal en respuesta a los cambios de vida por los cuales pasamos todos, no tenemos por qué permitir que nos destruyan. Con la ayuda del Espíritu Santo que mora en nosotros podemos aprender a hacer frente a nuestros miedos y a dominarlos, igual que con las demás emociones.

Como hemos estudiado, entre muchas otras cosas que causan depresión, existen además *problemáticas espirituales* tales como la falta de perdón, sentir lástima por uno mismo y el castigo por parte del Señor. Hemos visto también cómo endeudarse por haber hecho compras emocionales, en vez de usar la sabiduría de Dios, causa la depresión.

Algunas personas caen en la depresión porque se resisten o intentan evitar cumplir el llamado de Dios para sus vidas. En vez de salir adelante con lo que Él los ha llamado a hacer, han desobedecido e intentan vivir según sus propios planes. El resultado se manifiesta a menudo en una depresión o en una enfermedad física, mental o emocional.

Cualquiera que sea la causa de la depresión, ya sea física, mental, emocional, espiritual o alguna combinación de esos factores, existe una solución. La hallamos en la Palabra de Dios. Miremos el ejemplo del rey David, un hombre conforme al corazón de Dios, para ver cómo se enfrentó él a esto que llamamos depresión.

El rey David le hace frente a la depresión

¿Por qué te abates, oh alma mía,
Y te turbas dentro de mí?
Espera en Dios; porque aún he de alabarle,
Salvación mía y Dios mío.

—Salmo 42:5

En este versículo el rey David da claramente a entender que está deprimido. Me gustaría que estudiemos cómo él le hizo frente a esos sentimientos, porque al hacerlo descubriremos la cura para la depresión. Al desglosar este versículo, vemos que David hace tres cosas específicas para responder a esos sentimientos depresivos.

Lo primero que hace es distanciarse y examinar su alma, que es la que se siente deprimida, y le pregunta, "¿Por qué te abates, oh alma mía...?" Acto seguido, le da a su alma un mandato, "espera en Dios", y por último declara la acción que va a tomar, "he de alabarle". Se podría decir que el rey David habló consigo mismo.

Este es el patrón básico de acción que debemos tomar cuando luchamos contra la depresión.

A cada uno de nosotros nos ha sido dado el libre albedrío, o sea, voluntad propia. No debemos permitir que Satanás tome control de nuestra voluntad propia, aunque esa es exactamente su intención.

Dios nunca intenta dominar nuestra voluntad. La Biblia enseña que el Espíritu Santo nos alienta, guía y dirige, pero no dice en ninguna parte que nos fuerza o presiona a hacer algo que no queremos hacer por nuestra propia voluntad.

Sin embargo, Satanás constantemente intenta forzarnos, coaccionarnos y presionarnos para que hagamos cosas que *no queremos* hacer.

Así que, en nuestra lucha contra la depresión y todas las demás emociones negativas y nocivas, el aliado que sí tenemos a favor nuestro es nuestra voluntad.

Estudiemos ahora el plan que el rey David implementó para vencer la depresión.

Alabar a Dios

Una y otra vez se nos repite que uno de los remedios para la depresión es alabar a Dios. Cuando nos sentimos deprimidos, el plan de acción que debemos tomar es vestirnos, e ir a una reunión de alabanza en algún lugar donde podamos adorar y magnificar al Señor. Hay que escuchar cintas de alabanza y de enseñanzas bíblicas constantemente y cantarle al Señor, regocijándonos en nuestro corazón, no importa cómo nos sintamos.

Es esto lo que el rey David le ordena a su alma, a sus sentimientos. Está declarando que, no importa cómo se sienta en su interior, va a alzar su voz en alabanza y en agradecimiento al Señor, depositando en Él su esperanza. Al tomar los pasos que detallamos anteriormente, tal como cantar, rodearse de personas, escuchar cosas alentadoras, entre otras, estamos revistiéndonos con el "manto de alegría" que Isaías 61:3 dice fue hecho para el "espíritu angustiado".

Dios nos provee de todo cuanto necesitamos para vivir en victoria, pero somos nosotros quienes tenemos que "vestirnos" o "ponérnoslo", usarlo. Cuando nos "sentimos" deprimidos, no "sentimos" ganas de cantar. Pero si lo hacemos en obediencia a la Palabra de Dios, descubriremos que lo que Dios nos ofrece vence lo que Satanás intenta traernos en contra. O sea, Satanás trata de deprimirnos usando sentimientos nocivos que nos hunden. Dios nos levanta por encima de la depresión con cánticos, palabras de esperanza y música que nos infunde aliento.

Recuerde al Señor

Dios mío, mi alma está abatida en mí; Me acordaré, por tanto, de ti desde la tierra del Jordán, Y de los hermonitas, desde el monte de Mizar.

—Salmo 42:6

Cuando usted y yo nos sentimos deprimidos, ¿qué es lo que Satanás quiere que recordemos? Toda cosa horrible y podrida que jamás nos haya ocurrido, y toda cosa vergonzosa, detestable, despreciable y vil que jamás hayamos hecho. Quiere que nos quedemos allí sentados, mirando al piso, haciendo un inventario de nuestra desdicha.

Al mismo tiempo, el Señor quiere que alcemos los ojos,

las manos, la cabeza y el corazón y le cantemos alabanzas a pesar y en medio de nuestra miserable situación.

¿Recuerda usted lo que el rey Saúl hizo cuan lo atacaba un espíritu maligno? Mandaba llamar a David para que viniera y tocara el harpa para calmar su espíritu turbado (1a Samuel 16:14–23).

Cada vez que usted sienta que apenas *comienza* a hundirse en una depresión, tiene que tomar acción inmediata. No espere hasta luego de haber pasado varios días en el pozo antes de hacer algo para levantar el espíritu.

Cuando el rey David sentía que empezaba a hundirse, recordaba al Señor y hacía memoria de las cosas maravillosas que había hecho por él en el pasado. ¿Por qué hacía eso? Debido a que esto lo ayudaba. Lo levantaba y lo sacaba del pozo cenagoso en el cual se estaba hundiendo.

Cante, ore, aliéntese, espere y alabe

Un abismo llama a otro a la voz de tus cascadas;
Todas tus ondas y tus olas han pasado sobre mí.
Pero de día mandará Jehová su misericordia,
Y de noche su cántico estará conmigo,
Y mi oración al Dios de mi vida.
¿Por qué te abates, oh alma mía,
Y por qué te turbas dentro de mí?
Espera en Dios; porque aún he de alabarle,
Salvación mía y Dios mío.
                                    —Salmo 42:7, 8, 11

Cuando David se sentía deprimido, dice que el cántico del Señor está con él, y su oración al Dios de su vida.

Entonces en el versículo 11 dice que cuando su hombre interior, su alma, gemía dentro de sí (como gime y se queja uno cuando siente lástima de sí mismo), que entonces depositaba en el Señor su esperanza, esperaba ansiosamente en Él y alabada al que era su Salvación.

En 1a Samuel 30:6 cuando a David se le opusieron sus

propios hombres acusándole del secuestro de sus familias, leemos que ...*David se angustió mucho, porque el pueblo hablaba de apedrearlo, pues todo el pueblo estaba en amargura de alma, cada uno por sus hijos y por sus hija; mas David se fortaleció en Jehová su Dios.*

Lo que hizo David para vencer esa fuerte depresión es lo que usted y yo tenemos que hacer para vencer la nuestra cuando nuestra alma está abatida hasta la amargura.

¡A vencer y levantarse!

...Porque ha perseguido el enemigo mi alma;
Ha postrado en tierra mi vida;
Me ha hecho habitar en tinieblas como los ya muertos.
Y mi espíritu se angustió dentro de mí;
Está desolado mi corazón.

—Salmo 143:3, 4

Lo que el enemigo le hizo a David es exactamente lo que quiere hacernos a nosotros. De continuo intenta acosar y perseguir nuestra alma, arrojarnos por el piso, hacer que moremos en lugares oscuros, sobrecoger nuestro espíritu hasta desfallecer y rodearnos de melancolía y tristeza para que nuestro corazón se vuelva insensible.

Satanás quiere utilizar nuestra alma, mente y emociones para llegar a nuestro espíritu, nuestro corazón. Quiere apretarnos hasta que nos falte el aliento para paralizarnos y que no podamos arremeter en contra de su reino de las tinieblas.

Aunque nosotros los creyentes somos susceptibles a los mismos sentimientos y a las mismas emociones, fatiga y tensiones que los demás, se supone que entre nosotros y el mundo haya una diferencia. Cuando los inconversos se sienten sobrecogidos y se dan por vencidos, se supone que uno ¡venza y se levante!

¿Cómo lo logramos? Haciendo lo que David cuando estaba angustiado.

Recordar, meditar, reflexionar, extender y levantar

Me acordé de los días antiguos;
Meditaba en todas tus obras;
Reflexionaba en las obras de tus manos.
Extendí mis manos a ti,
 Mi alma a ti como la tierra sedienta.   Selah
Respóndeme pronto, oh Jehová, porque desmaya mi
    espíritu;
No escondas de mí tu rostro,
No venga yo a ser semejante a los que descienden a la
    sepultura.
Hazme oír por la mañana tu misericordia,
Porque en ti he confiado;
Hazme saber el camino por donde ande,
Porque a ti he elevado mi alma.
                                              —Salmo 143:5–8

¿Qué hace David en este pasaje? Está clamando al Señor por ayuda.

Cuando usted y yo sintamos que nos estamos hundiendo en el pozo de la depresión, podemos seguir el ejemplo de David. Podemos recordar los días antiguos. Podemos meditar sobre las grandes obras que el Señor hizo por nosotros. Podemos reflexionar sobre la poderosa obra de sus manos. Podemos extenderle a Él las manos en oración y súplica. Podemos clamar a Él para que nos responda pronto porque dependemos y confiamos en Él. Podemos levantar hacia Él nuestra alma, lo más recóndito de nuestro ser.

Todas estas cosas se constituyen en un acto de fe, y el Señor ha prometido siempre responder a la fe. Si estamos pasando por un pequeño ataque, quizás vencerlo sólo tome unas pocas horas o sea cuestión de unos días solamente. Sin embargo, si estamos pasando por una batalla campal, puede llevar mucho más tiempo. No importa cuánto tiempo pase, debemos permanecer firmes y seguir clamándole a Dios hasta que nos escuche y nos rescate.

Tarde o temprano el Señor nos librará, al igual que libró a David de todas sus angustias.

Busque la tierra de rectitud

Líbrame de mis enemigos, oh Jehová;
En ti me refugio.
Enséñame a hacer tu voluntad, porque tú eres mi
   Dios;
Tu buen espíritu me guíe a tierra de rectitud.
Por tu nombre, oh Jehová, me vivificarás;
Por tu justicia sacarás mi alma de angustia.
Y por tu misericordia disiparás a mis enemigos,
Y destruirás a todos los adversarios de mi alma,
Porque yo soy tu siervo.

—Salmo 143:9–12

En los últimos versículos de este salmo, David clama al Señor que lo libre de sus enemigos porque ha acudido a Él para que lo ayude y lo proteja. Le pide al Señor que le enseñe Su voluntad y que permita que Su Espíritu lo guíe a tierra de rectitud.

Como vimos anteriormente, lo que pedía David cuando hace referencia a la tierra de rectitud es una vida emocional equilibrada.

Firme, sabiendo quién es él y a quién pertenecía, David pudo ponerse en manos del Señor y permitir que este lo librara del problema, de su angustia, castigara a sus enemigos y le diera la victoria sobre los que afligían su alma, porque Él le pertenecía al Señor.

Usted y yo tenemos que ponernos en manos de Dios y permitir que sea Él quien se mueva a favor nuestro, nos de la victoria sobre el diablo y podamos resistir sus intentos de arrastrarnos en las profundidades de la depresión y de la desesperación.

¡Pelee!

Bendito sea Jehová, mi roca,
Quien adiestra mis manos para la batalla,
Y mis dedos para la guerra;
Misericordia mía y mi castillo,
fortaleza mía y mi libertador,
Escudo mío, en quien he confiado;
El que sujeta a mi pueblo debajo de mí.

—Salmo 144:1, 2

En los primeros versículos del siguiente salmo, David continúa alabando al Señor—su roca, su fortaleza, su amor, su escudo y su refugio, el que sujeta a sus enemigos.

Sin embargo, note que David dijo que el Señor sujeta sus enemigos "debajo" de él, o sea, que David tenía un papel que desempeñar en su propia liberación.

En el primer versículo dijo que había sido el Señor quien había adiestrado sus manos para la batalla y sus dedos para la guerra.

Esta es la clave que cura la depresión. Tenemos que hacer lo que David. Tenemos que reconocerlo, someterlo ante el Señor, clamar por Su ayuda y entonces batallar contra esa depresión con la fortaleza y el poder del Espíritu.

¿Cómo peleamos? Pasando tiempo con Dios. Proclamando Su Palabra. Levantando nuestros ojos, cabeza, manos y corazón; ofreciendo el sacrificio de alabanza y de acción de gracias al Señor, nuestra roca, poder, amor y fortaleza; nuestra torre alta y nuestro libertador, Aquél en quien confiamos y tomamos refugio, el que somete debajo nuestro a nuestros enemigos.

7

⁊

Él conforta mi alma

Hasta este momento, este libro ha tratado el tema de cómo no dejarnos dominar por las emociones, cómo hallar sanidad para nuestras heridas emocionales, cómo vencer la falta que perdón que afecta a nuestras emociones, cómo evitar los altibajos emocionales que pueden causar desequilibrios emocionales, y cómo vencer la depresión que amenaza hacer estragos con nuestras emociones.

En este capítulo estudiaremos sobre la completa restauración del alma: la mente, la voluntad y en especial las emociones, tal como la describe el rey David en el Salmo 23.

Cómo confortar y restaurar el alma

Jehová es mi pastor; nada me faltará.
En lugares de delicados pastos me hará descansar;
Junto a aguas de reposo me pastoreará.
Confortará mi alma;
Me guiará por sendas de justicia por amor de su
  nombre.

—Salmo 23:1–3

El Salmo 23 es un salmo que conforta. El salmista David declara que es el Señor quien nos guía, nos da de comer, nos pastorea, nos hace descansar y reposar, nos restaura y conforta nuestra vida, o como dice la Biblia, el alma.

Es por medio del alma que el cuerpo se comunica con el mundo exterior, y es con el espíritu que uno se comunica con Dios. El alma tiene mucho que ver con la personalidad, como mencionamos anteriormente.

Cuando David indica que Dios nos guía por sendas de justicia, de ser justo y justificado ante Dios, dice que Dios guía a cada cual por el sendero que es justo para él, hecho a la medida.

Dios tiene para cada uno de nosotros un senda que ha predestinado. Si permitimos que lo haga, Él nos guiará por medio de Su Espíritu al sendero único que lleva al cumplimiento del destino que Él ha fijado para nosotros.

En el versículo 3 la Biblia dice: *confortará mi alma*. El DRAE define *confortar* como: 1. Dar vigor, espíritu y fuerza; 2. Animar, alentar, consolar al afligido. Otra posible versión de este versículo podría ser, "restaura mi ser interior".

El DRAE define *restaurar* como: 1. Recuperar o recobrar. 2. Reparar, renovar o volver a poner una cosa en aquel estado o estimación que antes tenía.

Cuando David declara que Dios conforta y restaura el alma, creo que lo que quiere decir es que Dios le dará nuevas fuerzas para que pueda recuperar el estado o condición de la cual gozaba ante de desviarse del plan perfecto que Dios había trazado para nosotros; aún antes de nacer, antes de que Satanás nos atacara y nos llevara por el camino equivocado, alejándonos del plan divino.

El plan predestinado por Dios

Porque somos hechura suya, creados en Cristo Jesús para buenas obras, las cuales Dios preparó de antemano para que anduviésemos en ellas.
—Efesios 2:10

Dios había trazado un plan perfecto para la vida de cada

uno de nosotros antes de que naciéramos. El diablo viene con intenciones de interrumpir ese plan y destruir todas las cosas buenas que Dios tiene preparadas para cada uno de nosotros.

Aún antes de nacer, Dios había trazado un plan único para cada uno de nosotros. No es un plan de fracasos, desdichas, pobreza, enfermedades y malestares. El plan divino es un plan excelente, para vivir una vida saludable, dichosa y que satisface.

En Jeremías 29:11 leemos: *Porque yo sé los pensamientos que tengo acerca de vosotros, dice Jehová, pensamientos de paz, y no de mal, para daros el fin que esperáis.*

En Juan 10:10 Jesús dijo: *El ladrón no viene sino para hurtar y matar y destruir; yo he venido para que tengan vida, y para que la tengan en abundancia.*

Sería de gran beneficio para todos nosotros si varias veces al día nos repitiéramos a nosotros mismos en voz alta que "Dios tiene un plan perfecto para mi vida". ¿Para qué? Porque cada uno de nosotros tiene que terminar convencido firmemente de esa verdad para que las circunstancias y las emociones cambiantes que nos rodean no puedan afectarnos negativamente.

A lo mejor usted se está preguntando, "Si Dios tiene un plan tan maravilloso para mi vida, ¿por qué no lo estoy disfrutando en la actualidad?".

Entiendo la razón por la cual usted se plantea la pregunta. Sí parece extraño que si Dios nos ama tanto y ha trazado unos planes tan maravillosos, que nosotros tengamos que sufrir tanta desdicha. Lo que debe recordar es que tenemos un enemigo ensañado con destruir el plan perfecto trazado por Dios.

Aunque Dios tenía un plan magnífico para mi vida, terminé sufriendo maltratos debido a que el diablo vino y logró interrumpir el buen plan de Dios.

Sin embargo, hay algo más, algo realmente increíble acerca de Dios que tenemos que llegar a comprender. A Dios no le complace que alguien nos haga daño e intente socavar su plan. Al mismo tiempo que nos hace descansar en lugares de delicados pastos para confortar nuestra alma, ¡se está levantando para remediar nuestra situación!

Qué consuelo es saber que lo que para nosotros resulta imposible de lograr, el Señor mismo hará por nosotros, si nos ponemos confiadamente en sus manos. Sólo Él tiene el poder de restaurar lo que habíamos perdido, ya fuera por culpa propio o por culpa del enemigo.

Regrese al punto de partida

Como vimos anteriormente, el DRAE define *confortar* como: dar vigor, espíritu y fuerza y *restaurar* como: recuperar o recobrar.

Dios quiere infundirnos aliento para que podamos recobrar el camino perdido, para que volvamos a la encrucijada donde nos equivocamos y nos desviamos de su plan, para ahora volver a andar en su plan para que Él entonces pueda cumplirlo como lo propuso desde un principio. No necesariamente nos hace regresar físicamente a ese punto de partida, aunque en raras ocasiones podría suceder. Ni siquiera pienso que desea que volvamos a vivir ese momento en nuestros recuerdos, aunque quizás a algunos les sea beneficioso hacerlo.

Habrá veces en que la memoria de la persona está completamente bloqueada debido a que lo que le sucedió fue tan horrible, que le ha sido imposible encarar ese momento ni mental ni emocionalmente. En ese caso, es posible que la persona tenga que regresar y resolver la situación para que pueda seguir adelante y progresar en la vida. Pero como ya le advertí, no es nada bueno ponerse a jugar con el pasado.

Hay cosas que sucedieron en mi niñez que se me hace imposible recordar, y no poder hacerlo no me molesta para nada. Hay ciertas cosas que vale más no recordar ni revivir. A menudo Dios nos bendice con la habilidad de poder dejar ciertas cosas en el olvido.

Una de las facetas del ministerio del Espíritu Santo es la de traer cosas a nuestra memoria activa (Juan 14:26). Si algo hay en nuestro pasado que tenemos que encarar y resolver, tenemos que confiar en que Dios lo traerá a nuestra atención, para que no seamos nosotros los que tengamos que andar jugando en el pasado.

Hay quienes han buscados por años recibir sanidad emocional sumergiendose en el sub-consciente y sacando a la luz todo tipo de recuerdos nocivos e hirientes. Resulta muy peligroso hacer esto. La sabiduría en vez lo lleva a uno a depender del Espíritu Santo para que sea Él quien traiga a colación aquello que hay que encarar para poder luego dejarlo atrás de una vez por todas.

El mal encaminado hacia el bien

Vosotros pensasteis mal contra mí, mas Dios lo encaminó a bien, para hacer lo que vemos hoy, para mantener en vida a mucho pueblo.
—Génesis 50:20

Dios quiere confortar y restaurar su alma, darle las fuerzas necesarias para que usted retome el camino correcto y que de allí en adelanta todo salga bien.

A pesar de que ni siquiera el Señor puede cambiar lo que le sucedió a usted, sí puede cambiar las consecuencias de esas experiencias, como lo hizo conmigo.

En mi propia vida no sé si puedo llegar a decir que me alegro del maltrato que sufrí. Mas sí puedo decir que, debido a que decidí cederle a Dios esa parte de mi vida para que Él la sanara, hoy soy una persona más fuerte, con más poder espiritual y mayor sensibilidad.

Este es tan sólo un ejemplo adicional de cómo Dios toma el mal que otros pensaron que nos hacíamos y lo encaminó para bien, nuestro y de los demás.

José toca el tema en Génesis 50:20 cuando le dice a sus hermanos *vosotros pensasteis mal contra mí* al venderlo a los egipcios como esclavo, *mas Dios lo encaminó a bien, para hacer lo que vemos hoy, para mantener en vida a mucho pueblo,* o sea, que Dios lo utilizó para salvar de inanición a su familia y a muchos otros durante el tiempo de hambruna.

Gloria en lugar de ceniza

El Espíritu de Jehová el Señor está sobre mí, porque me ungió Jehová; me ha enviado a predicar buenas nuevas a los abatidos, a vendar a los quebrantados de corazón, a publicar libertad a los cautivos, y a los presos apertura de la cárcel; a proclamar el año de la buena voluntad de Jehová, y el día de venganza del Dios nuestro; a consolar a todos los enlutados; a ordenar que a los afligidos de Sion se les dé gloria en lugar de ceniza, óleo de gozo en lugar del espíritu angustiado; y serán llamados árboles de justicia, plantío de Jehová, para gloria suya.

—Isaías 61:1–3

Este pasaje nos indica que parte integral del proceso de restauración es que el Señor da gloria en lugar de ceniza. Para que así suceda, tenemos que estar dispuestos a darle la ceniza.

Una vez ví una película en la cual fallece el padre de una jovencita. Tanto lo amaba ella, que lo hizo cremar y guardaba las cenizas de su padre en una cajita que había puesto sobre la repisa de la chimenea. Nunca fue su intención la de dejarlas allí para siempre, sino de esperar el momento apropiado para deshacerse de ellas.

Al fin llega el día adecuado. El viento aullaba de la fuerza cuando ella se dirigió al establo y ensilló el caballo favorito de su padre, el que solía escoger cuando salían a montar juntos. Guió al caballo hasta la cima de un monte alto donde abrió la cajita y tiró al viento las cenizas de su padre, viendo cómo se las llevaba el viento. Ese era su modo de dejar ir a su padre, para siempre.

Según meditaba acerca de este tema de entregarle al Señor nuestra ceniza, me vino a la mente esta escena.

Es posible que en el pasado a usted lo hayan herido y que usted haya guardado de cerca la ceniza de lo ocurrido. De vez en cuando la saca y se lamenta por ella. Si ese es el caso, lo comprendo, porque yo solía hacer lo mismo.

Pero usted tiene que hacer lo que yo, dejé ir las cenizas, tirándolas al viento del Espíritu Santo para que las soplara tan lejos que jamás me las volvería a encontrar. Hoy es un nuevo día. No queda más tiempo para vivir lamentándose por las cenizas del pasado. No existe futuro en su pasado.

Dios sigue en pie con el mismo plan perfecto que había trazado antes de que nacieras. Él jamás ha cambiado de parecer. Desde el mismo instante en el cual te hirió el enemigo, nació en el corazón de Dios tu total restauración.

Cuando el Señor puso a Adán y a Eva en el Jardín del Edén, nunca fue su intención que cayeran en pecado y se interrumpiera el plan perfecto que tenía para ellos. Pero sí cayeron en pecado, convirtiéndose en esclavos a Satanás.

¿Cómo reaccionó Dios?

De inmediato puso por obra el plan para su restauración. Sabía que enviaría a su propio Hijo para redimirlos. Esa fue la única razón de que Jesucristo viniera al mundo, como lo expresa 1a de Juan 3:8: ...*para esto apareció el Hijo de Dios, para deshacer las obras del diablo.*

¡Mi copa está rebosando!

Aunque ande en valle de sombra de muerte, No temeré mal alguno, porque tú estarás conmigo;
Tu vara y tu cayado me infundirán aliento,
Aderezas mesa delante de mí en presencia de mis angustiadores;
Unges mi cabeza con aceite; mi copa está rebosando.
Ciertamente el bien y la misericordia me seguirán todos los días de mi vida,
Y en la casa de Jehová moraré por largos días.
—Salmo 23:4–6

Esta última porción de este tan amado salmo de alabanza de David describe la condición en la cual el Señor desea que permanezcamos de continuo. Quiere que recibamos Su protección, Su guía y Su consuelo. Desea aderezar mesa delante de nosotros colmada de bendiciones, a simple vista de nuestros enemigos. Anhela ungirnos con el óleo de gozo en vez de con la angustia. Desea ver que la copa de bendiciones rebose de continuo en acción de gracias y alabanza por sus bondades. Su intención es que vivamos para siempre, momento a momento, dentro de Su santa presencia.

Todas estas cosas forman parte de Su buen plan que ha formulado para cada uno de nosotros. A pesar de cuán bajo hayamos caído, anhela levantarnos y restaurarnos para que volvamos a Su plan perfecto y justo que ha ideado para nuestra vida.

Herida en la cabeza y en el calcañar

Entonces Jehová Dios dijo a la mujer: ¿Qué es lo que han hecho? Y dijo la mujer: la serpiente me engañó, y comí. Y Jehová Dios dijo a la serpiente: Por cuanto esto hiciste, maldita serás entre todas las bestias y entre todos los animales del campo; sobre tu pecho andarás, y polvo comerás todo los días de tu vida. Y pondré enemistad entre ti y la mujer, y entre tu simiente y la simiente suya; ésta te herirá en la cabeza, y tú le herirás en el calcañar.

—Génesis 3:13–15

Después de que Adán y Eva cayeran en pecado y tuvieran que comparecer ante Dios para rendir cuentas por su desobediencia, el Señor pronunció una maldición sobre la serpiente que los había engañado e interrumpido Su plan. Entre otras cosas, Dios le dijo a la serpiente que ella heriría el calcañar de la simiente de la mujer, y que la simiente de la mujer le heriría a ella la cabeza.

Cuando a usted le hicieron daño o lo maltrataron, o

sencillamente cuando fue engañado por el enemigo y terminó cayendo en pecado y sumido en el fracaso, en esas ocasiones se trataba del diablo que le estaba hiriendo a usted el calcañar. La promesa es que, si él le hiere el calcañar, usted tiene derecho a herirle la cabeza.

Ahora bien, de ninguna manera va a lograr usted herirle la cabeza a Satanás llorando y lamentándose por las cenizas de su vida pasada. De la única manera en que jamás logrará usted herirle la cabeza a Satanás es cumpliendo las obras de Cristo, a pesar de lo que al enemigo se le ocurra tirarle en el camino para intentar detenerle.

Creo firmemente que cada día que pasa le hiero la cabeza a Satanás.

¿Quiere usted hacer otro tanto, como me la paso yo haciendo en mi ministerio? De la única manera en que lo logrará es ayudando a otra persona. Sea de bendición para los demás, y empezará a herir la cabeza de Satanás.

No se limite a lamerse las heridas en un rincón como lo haría un cachorro herido. No se limite a sacarse la costra y a volver a hacer sangrar la herida el resto de sus días. Dedíquese a herirle la cabeza al que le hirió el calcañar convirtiéndose en una verdadera bendición para otra persona.

La Biblia dice que para vencer el mal, hay que hacer el bien (Romanos 12:21). Mas toma esfuerzo y determinación. No ocurre por sí solo. Somos nosotros los que tenemos que decidirnos a actuar.

Por años hice lo que ahora le imploro que no haga. Me sumía en las cenizas de mi vida pasada. Cuando finalmente se las entregué al Señor, confesándole que mi vida era un caos, y pidiéndole que me la enderezara, Él me llamó a trabajar en Su obra.

No es necesario que usted tenga un llamado como el mío para ser de bendición, pero ocúpese de serlo a cada persona con la cual entre en contacto en su vida diaria. Empiece desde el lugar donde se encuentra ahora, y Dios lo guiará hasta donde tiene que llegar.

Quizás Satanás le haya herido el calcañar, pero si usted

está dispuesto y toma la firme determinación, ¡podrá herirle la cabeza a él!

Distintos tipos de maltrato

Dijimos que el alma, o el ser interior, se compone de mente, voluntad y emociones. A menudo sufre maltrato no sólo el cuerpo y el espíritu, sino también el alma.

Maltratar a algo significa "tratarlo mal" o indebidamente. En otras palabras, utilizarlo para un propósito ajeno al cual fue creado.

Existen varios tipos de maltrato: emocional, verbal, físico y abuso sexual. Vamos a examinar cada uno de éstos más de cerca y por separado, aunque con frecuencia se dan todos juntos.

Maltrato emocional

El maltrato emocional ocurre cuando una persona, que ha sido creada por Dios para ser amada y aceptada, es rechazada y no amada. Este tipo de trato muchas veces afecta negativa y directamente la imagen que la persona tiene de sí misma y su autoestima.

Quienes han sido sometidos de continuo al maltrato emocional rápidamente cambian de opinión acerca de sí mismos y su perspectiva hacia los demás. Es incapaz de desarrollar o mantener relaciones personales sanas por mucho tiempo. Con frecuencia cambian su comportamiento para con los demás para no arriesgarse a sufrir más dolor ni heridas emocionales.

Maltrato verbal

También existe el maltrato verbal.

Una persona se desarrolla, crece y florece en un ambiente donde se la edifica, exhorta y alienta. Unas palabras de bendición pueden motivar a una persona a convertirse en todo lo que Dios tiene para ella.

Cuando usted y yo nacimos en este mundo, Dios ya tenía un plan hecho a la medida para cada uno de nosotros. Quería darnos padres amorosos, interesados por nosotros, para que nos criaran y enseñaran Su Palabra y nos proporcionaran todo lo necesario para vivir con paz, felicidad y seguridad. Deseaba que nos criásemos en una casa donde cada uno de los miembros de la familia nos bendijera con sus palabras, y hablara bien de nosotros y con nosotros, y nos dijeran que podíamos llegar a ser lo que fuera que el Señor tenía para nosotros.

Nunca fue la intención de nuestro Padre que nos criaran personas que nos dijeran, "¡Nunca lograrás nada en esta vida!", o "¿Qué te pasa, porqué no puedes ser más como tu hermano?", o "¿Cómo es que no sacas buenas notas como tu hermana?", o "Ven acá, ¿a tí qué es lo que te pasa?".

Hablar de esa manera daña el alma de la persona porque cambia la opinión que tiene de sí misma y de los demás.

Si sus padres, o maestros, o alguna otra autoridad en su vida, constantemente le estaban diciendo este tipo de comentario negativo durante los años de su formación, es muy posible que usted haya crecido planteándose las siguientes preguntas: "¿*Qué es* lo que me pasa?" ¿Por qué es que *no puedo ser* como mi hermano? ¿Por qué es que *no puedo sacar* buenas notas como mi hermana? ¿Qué hay de malo en *mí*? ¿*Cuál* es mi problema?

Cuando era joven sufrí tanto maltrato verbal que aún en mis treinta y en mis cuarenta me seguía preguntando, "¿Qué hay de malo en mí?" Seguí planteándome la pregunta hasta que un día el Señor me la contestó de la siguiente manera: "No hay nada de malo en ti, pero sí hay mucho de bueno".

Añadió que lo que había de bueno en mí no se basaba en que yo me comportara perfectamente. Aprendí que Dios me acepta no porque yo sea buena, sino porque Él es infinitamente bueno. Estoy justificada ante Dios porque fue Él quien decidió justificarme ante Él.

El diablo no quiere que escuchemos la verdad. Él ofrece

la religión, tener que seguir reglas y normas, para intentar que intentemos continuamente volvernos lo suficientemente buenos para merecer las bendiciones de Dios. El problema está en que, podemos seguir todas las reglas y observar todas las normas, y a pesar de ello no experimentar ni gozo ni victoria alguna en nuestra vida.

Yo no soy maestra de religión, sino de la Palabra de Dios. Una de las razone por las cuales hago tanto hincapié en la Biblia es porque en ella encontramos el plan maravilloso de Dios para nuestra vida.

La Biblia no nos enseña de religión, sino de una relación personal con el Señor Jesucristo. Cuando Él viene a morar dentro nuestro, recibimos Su naturaleza en nuestro espíritu (1a Juan 3:9). Tenemos la oportunidad de empezar de nuevo. *De modo que si alguno está en Cristo, nueva criatura es; las cosas viejas pasaron; he aquí todas son hechas nuevas* (2a Corintios 5:17). Nos es dada una vida nueva, literalmente, podemos renacer.

Cuando esto sucede, contamos con el poder necesario para hacer en nuestra vida diaria lo que se nos exhorta hacer en Filipenses 2:12: *Por tanto, amados míos, como siempre habéis obedecido, no como en mi presencia solamente, sino mucho más ahora en mi ausencia, ocupaos en vuestra salvación con temor y temblor.*

Al leer y meditar en la Palabra de Dios, comenzamos a renovar nuestra mente, como se nos indica en Romanos 12:2: *No os conforméis a este siglo, sino transformaos por medio de la renovación de vuestro entendimiento, para que comprobéis cuál sea la buena voluntad de Dios, agradable y perfecta.*

Una vez que nuestra mente es renovada por la Palabra de Dios, la voluntad comienza a emparejarse con la suya y con Su propósito. Cuando esto ocurre, uno comienza a ejercer dominio sobre sus emociones. El alma se sana, permitiéndonos disfrutar de la justificación, la paz y el gozo a los cuales tenemos derecho por medio del Espíritu Santo (Romanos 14:17).

Maltrato físico

El maltrato físico no incluye únicamente que a uno le peguen y lo maltraten, sino también experiencias traumatizantes, tales como dejar a alguien abandonado, encerrado en un armario o aún que se le niegue demostración alguna de afecto, cariño y aceptación.

Se ha comprobado que los bebés recién nacidos a quienes no se los toca, acaricia o tiene en brazos se vuelven débiles, anémicos y hasta se enferman físicamente. Si se les niega por el tiempo suficiente el cuidado y la atención amorosa que necesitan, pueden llegar a morir.

En algún lado leí que en un matrimonio la mujer necesita doce caricias o cariñitos amorosos de su esposo para poder vivir plenamente la vida y sentirse realmente saludable y satisfecha. Durante uno de mis seminarios para matrimonios compartí este dato y una señora que estaba en primera fila miró fijamente a su marido y le dijo: "Me estás matando". Quería decir que él no le estaba supliendo el cariño y el afecto que ella necesitaba.

La verdad es que todos nosotros, sin importar la edad que tengamos, necesitamos no sólo estar a salvo del maltrato físico, sino también sentirnos amados y alimentados, tanto física como emocionalmente.

El abuso sexual

Por último, está el maltrato o abuso sexual, que se dice es el más ofensivo y dañino de todos.

Bajo el designio y la institución divina, el sexo debería ser la más alta expresión de amor y entrega mutua de una pareja, dentro del santo vínculo matrimonial.

Cuando a un individuo se le fuerza a participar en actos sexuales en contra de su voluntad, se le está robando de algo que no desea compartir. Si al individuo lo abusan con perversiones, es posible que sufra daños irreparables al alma y también al cuerpo.

Cuando se abusa sexualmente de un individuo, en especial si se trata de un niño pequeño, pueden verse tremendamente afectados la mente, la voluntad y las emociones. Pueden volverse negativos, sospechosos, criticones, preocupados e intranquilos. Puede que además se conviertan en lo que yo llamo "intelectuales profundos", siempre razonando, siempre intentando comprenderlo todo, siempre preguntándose, "¿Cómo puedo cuidar de mí mismo? ¿Como domino mi vida para que ya no me vuelvan a hacer daño?"

"El intelectual profundo"

Yo era una intelectual profunda. El problema con serlo es que nunca disfruta de la vida.

Hay muchas cosas en esta vida a las cuales ni usted ni yo jamás le encontraremos ni pies ni cabeza, no importa por cuánto tiempo ni cuán arduamente intentemos hacerlo. Tenemos que dejar de intentar cuidar de nosotros mismos y aprender a dejar que Dios haga lo que quiera hacer por nosotros y con nosotros en esta vida que Él nos ha dado.

Los que son como yo, que han sufrido algún tipo de maltrato, pasamos tanto tiempo evitando que nos puedan herir de nuevo, que descuida completamente otras cosas, como establecer una relación sana y fuerte con alguien sin correr el riesgo de que le hagan daño.

Amo a mi esposo y es el mejor marido del mundo. Sin embargo, todavía de vez en cuando hiere mis sentimientos, igual que yo hiero los de él. A veces no es tan sensible como me gustaría que lo fuera, pero yo tampoco soy tan paciente y comprensiva como le gustaría a él que lo fuera.

Ni usted ni yo podemos pasarnos la vida edificando muros para protegernos del daño que puedan llegar a hacernos los demás. Cuando lo hacemos, lo que estamos diciendo es, "No permito que entres de nuevo en mi vida. Con este muro te dejo fuera". Pero debemos recordar que el mismo muro con el que aislamos a los demás, nos atrapa a nosotros. Terminamos viviendo dentro de una cárcel de fabricación propia. Es posible que nos hayamos protegido (o por lo menos, eso pensamos) porque así nadie puede hacernos daño, pero al mismo tiempo nos estamos aislando de la vida y ni la disfrutamos ni amamos como deberíamos.

Si nos aislamos del resto del mundo para protegernos de que no nos hagan daño, sufrimos el dolor de la soledad y del aislamiento, además del dolor causado por el miedo y el temor. Hay que derribar esos muros en nuestra vida, igual que tuvieron que caer los muros de Jericó para que los hijos de Israel pudieran entrar y disfrutar de su herencia en el Señor.

En parte, derribar el muro significa dejar para siempre la eterna búsqueda por la perfección, en nosotros mismos y en los demás. Tenemos que dejar de tratar de cambiarnos a nosotros mismos y de cambiar a los demás a nuestra errada "perspectiva sobre la perfección".

Los que han sufrido daño a manos de otra persona siempre van en pos del cónyuge perfecto, los hijos perfectos, la casa perfecta, el vecindario perfecto, la iglesia y el pastor perfectos, y etcétera.

Mientras vivamos dentro de estos cuerpos hechos de carne, jamás hallaremos la perfección que buscamos en esta vida. Todas estas cosas forman parte de las cenizas emocionales a las cuales nos aferramos y que tenemos que entregar antes de poder vivir plena y abundantemente, gozando de la libertad que Dios quería darnos desde un principio.

La rebelión

Porque como pecado de adivinación es la rebelión, y como ídolos e idolatría la obstinación.
—1a Samuel 15:23

Hemos visto cómo el maltrato afecta la mente, ¿y qué de la voluntad?

Creo que gran parte de la rebelión viene a consecuencia del maltrato. Cuando los demás le hacen daño una y otra vez, por lo general llega al momento en el cual toma una decisión, "Nadie jamás va a volver a empujarse porque sí. Mientras viva, nadie me va a estar mandoneando. ¿Por qué sujetarme a alguien en quien no puedo confiar que tome la mejor decisión en lo que a mí concierne? De ahora en adelante, voy a velar por mí mismo y tomar mis propias decisiones".

Así que con frecuencia como resultado del maltrato, la persona se vuelve voluntariosa, terca y rebelde.

A partir de mi propia y amarga experiencia, sé muy bien que sufrir maltratos continuos puede afectar a largo plazo a una persona obstinada, de voluntad firme y resuelta. Para alguien que tiene mi personalidad, es una pesadilla que lo dominen y manipulen años sin fin. En mi caso, el Señor se sirvió de esa experiencia para darme poder en el ministerio que me permite ayudar a los demás que se encuentran en la misma situación en la cual me encontraba yo.

Lo triste es que una vez que la persona logra escaparse del medio ambiente donde se llevó a cabo el maltrato, no quiere decir que los efectos del mismo terminen también. Muchas veces las personas heridas se sienten atraídas a personas en su misma situación. La víctima del maltrato a largo plazo con frecuencia se casa con otra. Como resultado, terminan hiriéndose y haciéndose sufrir la una a la otra. Los hijos heredan de los padres la tendencia a maltratar y el maltrato es introducido a la próxima generación. Esta tendencia hacia el maltrato continuará hasta que alguien osadamente haga una raya con la sangre de Cristo y declare: "¡Basta! ¡Esta maldición generacional del maltrato no pasa de esta raya! ¡Termina aquí y ahora!"

Cuando se toma este tipo de decisión, entonces es que se está utilizando la voluntad para lo que Dios la creó: para decidir seguirlo a Él y a Su camino en vez de dejarse arrastrar por los sentimientos y las emociones como si uno fuese un autómata.

La lengua como expresión del alma

Si alguno se cree religioso entre vosotros, y no refrena su lengua, sino que engaña su corazón, la religión del tal es vana.

—Santiago 1:26

Para los que somos nacidos de nuevo, el Señor Jesús realmente ha hecho por nosotros algo maravilloso. Se ofreció a Sí mismo para redimir no sólo nuestro cuerpo y espíritu, sino también nuestra alma.

Como hemos visto, el alma se compone de la mente, la voluntad y las emociones. Por tanto, para poder recibir plenamente todas las bendiciones que Cristo ha conseguido para nosotros, tenemos que comprender cada uno de estos aspectos vitales de nuestro ser.

Hasta que la lengua sea refrenada y sujeta al Señor, es imposible decir que el alma, o sea "la mente, la voluntad y las emociones", haya sido redimida y restaurada a plenitud.

La sujeción y el sometimiento: poder bajo control

Someteos unos a otros en el temor de Dios.

—Efesios 5:21

Cuando comencé a estudiar en serio la Palabra de Dios, el Señor comenzó a tratar conmigo sobre mi actitud terca y voluntariosa, en especial en lo tocante a sujetarme a la autoridad. Luego de un tiempo, empezó a ejercer bastante presión al respecto. Si usted es igual de testarudo como lo era yo, sabe que a veces Él tiene que tratar muy en serio con nosotros, como lo hizo al fin conmigo.

Una mañana, mientras estaba sentada, con los pijamas puestos, orando para que creciera mi ministerio, el Señor me habló y me dijo: "Joyce, realmente me es imposible hacer nada más en tu ministerio hasta que me obedezcas en lo que te dije respecto a tu marido. No le estás demostrando el respeto que se merece. Te peleas con él por pequeñeces que deberías pasar por alto. Tienes una actitud terca, rebelde y eres muy testaruda. Vez tras vez he tratado contigo al respecto, pero sencillamente te rehusas prestarme atención".

Este es el problema que muchos tenemos. Pensamos que estamos obedeciendo la Palabra de Dios, y por eso nos preguntamos porqué no estamos gozando de las bendiciones en ella contenida. Como hemos estudiado, no basta con leer la Palabra, ni siquiera con aprenderla y declararla en voz alta. Hay que ser hacedores de la Palabra. La acción es lo que permite que se derramen las bendiciones.

Tenía problemas con sujetarme porque era en extremo obstinada, fruto del maltrato que sufrí de niña.

Permítame darle una ilustración.

Una mañana me levanté y fui al baño nuevo que Dave acababa de instalar contiguo a nuestra habitación principal. Como todavía no había puesto el portatoallas, coloqué la toalla sobre el inodoro y me estaba metiendo a la ducha cuando Dave vio lo que hacía y me preguntó: "¿Porqué colocaste ahí la toalla?"

De inmediato sentí como las emociones surgían en mi interior.

"¿Y qué tiene de malo que ponga la toalla ahí?", contesté con sarcasmo en la voz.

Dave me dió una contestación digna de un ingeniero, usando su típica lógica matemática: "Bueno, si colocas la toalla frente a la ducha, cuando salgas no mojarás la alfombra mientras extiendes el brazo para alcanzarla".

"¿Y qué diferencia hace si mojo un poco la alfombra?"

Dándose cuenta de que estaba de mal humor, Dave se limitó a darse por vencido, alzar los hombros y seguir su camino.

A la larga resulta que seguí su sugerencia, pero lo hice luego de tirar enojadamente la toalla al piso. Hice lo debido con la actitud indebida.

Dios quiere que hagamos lo debido con la actitud que corresponde.

Cuando entré a la ducha luego de tirar la toalla al piso, me sobrecogió la ira.

Me puse a despotricar sola, "¡Por favor! ¡No puedo ni siquiera ducharme en paz! ¿Porqué será que no puedo hacer nada sin que alguien intente mandonearme?"

Para ventilar mi frustración, seguí echando pestes un buen rato.

Aunque era cristiana y ya llevaba cierto tiempo en el ministerio, predicándole a los demás, yo misma carecía del dominio propio que necesitaba ejercer sobre mi propia mente, voluntad y emociones. ¡Tres días completos tardé en calmar mi alma lo suficiente como para obtener la victoria por el incidente de la toalla de baño!

Lo que me faltaba en aquel entonces es lo que le falta a muchas personas en el Cuerpo de Cristo hoy: equilibrio y estabilidad emocional.

El equilibrio y la estabilidad emocional

El desarrollo de un equilibrio y estabilidad emocional forman parte integral se la sanidad emocional.

Cuando una persona sufrió maltratos, o sentimientos de pérdida, insuficiencia, culpa o fracaso, no sólo se ven afectadas su mente y su voluntad, sino también sus emociones. Gracias a Dios que Jesús vino para sanar esas emociones.

Solía ser muy inestable en lo que respecta a las emociones. Una mañana despertaba muy entusiasmada por algo que iba a hacer ese día. La mañana siguiente despertaba sumida en la depresión porque no tenía nada especial para hacer. Mis emociones fluctuaban día a día, hora por hora, o hasta minuto a minuto, dependiendo de mi estado de ánimo.

Un día venía mi marido y yo corría donde él, lo abrazaba y lo besaba. El día siguienta cuando entraba por la puerta lo único que quería hacer era tirarle un zapato a la cabeza. La mayoría de las veces mi reacción de ninguna manera tenía nada que ver con algo que él hubiera hecho o dejado de hacer. Dependía más bien de mi estado emocional.

Aunque usted nunca ha sufrido maltratos, o nunca ha llegado a ser tan emocionalmente inestable como lo fui yo, todos necesitamos ser restaurados de manera continua para mantener el equilibrio adecuado en la vida.

Sea cuales hayan sido o sean sus experiencias, pasadas o presentes, someta su mente, voluntad y emociones al Señor y permita que Él lo restaure y sane completamente para que pueda cumplir con el maravilloso plan ideado por Él.

8

⁓

Enraizado en la vergüenza

Si sabe algo de jardinería, sabe que una raíz amarga produce un fruto amargo. Si tiene problemas de actitud, comportamiento y en sus relaciones personales, es muy probable que sea un síntoma de un problema más profundo.

Cuando tenía dieciocho años, salí por cuenta propia de una situación en la cual era maltratada. Pensé que como había dejado atrás el lugar físico de mi desdicha, que ya no me afectaría en lo absoluto. Mas pronto me di cuenta que aunque ya no era maltratada en la actualidad, el maltrato se había enraizado en mi interior.

Una nueva criatura con raíces viejas

> De modo que si alguno está en Cristo, nueva criatura es; las cosas viejas pasaron; he aquí todas son hechas nuevas.
>
> —2a Corintios 5:17

Hay quienes dicen, "Ya que he nacido de nuevo, soy una nueva criatura en Cristo. No me moleste con las cosas del pasado porque no quiero escuchar nada al respecto. Ya he muerto a todo eso. Ya no me afecta más".

Yo también he nacido de nuevo, y he sido hecha una

nueva criatura en Cristo. Yo también creo en lo que el apóstol Pablo declaró en este versículo. Pero pienso además que hay que entender no sólo lo que *dice*, sino el *significado* que lo fundamenta.

Para entender más a fondo lo que quiso decir el apóstol Pablo en este versículo busqué en el griego la palabra que ha sido traducida como *nueva* y descubrí que puede referirse a algo que ha sido consagrado o dedicado para un uso nuevo o diferente.

Cuando usted y yo nacemos de nuevo, Dios nos consagra o nos dedica para un uso nuevo y diferente, al cual habíamos sido destinados desde el principio. Se podría decir que recibimos una nueva oportunidad para servir.

Cuando Cristo viene a morar en nuestro interior, se siembra en nosotros una semilla eterna que contiene todo cuanto necesitamos para ser sanos y completos en Cristo. Si Él posee todo lo que necesitamos, y Él está en nosotros, entonces nosotros también lo poseemos. Pero viene en forma de semilla, y a la semilla hay que regarla y fertilizarla para que crezca y produzca fruto.

Puede que dos personas nazcan de nuevo el mismo día; una producirá fruto en abundancia y la otra nada. Esto se debe a que una persona riega y fertiliza la semilla que fue plantada, pero la otra no.

¿A qué se debe que diez años luego de escapar del maltrato una persona vive en victoria y la otra ni siquiera ha dado un paso hacia adelante? Se debe a que una hizo lo que correspondía, y la otra no.

Puede ser que usted y yo seamos nacidos de nuevo, pero si no leemos y estudiamos la Palabra de Dios y nos volvemos hacedores de ella, jamás disfrutaremos todas las cosas buenas que Dios quiere que tengamos. A menos que seamos obedientes a la Palabra de Dios, la Palabra no surtirá efecto alguno sobre nosotros a largo plazo.

Yo había nacido de nuevo, era una nueva criatura en Cristo. Se me había brindado una nueva oportunidad para vivir para el Señor y producir fruto bueno en abundancia.

Por el contrario, el fruto que yo producía estaba podrido. ¿Por qué? Porque aunque la semilla que había en mí era buena, las raíces eran malas.

Yo era dominante y manipuladora. No ejercía dominio alguno sobre las emociones. Me sentía deprimida. Tenía altibajos anímicos. Mi actitud era malísima y tenía una horrible imagen de mí misma, y mi autoestima estaba por el suelo. No me caía bien a mí misma, ni a los demás.

Sin embargo, nada de eso se debía a que no hubiera nacido de nuevo o no se me hubiera dado la oportunidad de cumplir con el plan que Dios había ideado para mi vida. Se debía en que, aunque era una nueva creación espiritualmente hablando, mi alma apenas había cambiado un ápice.

Lo triste es que me daba cuenta de cómo era. Sencillamente no lograba entender *por qué* era de esa manera. Amaba a Dios y anhelaba complacerlo. Amaba a mi marido y no quería ser áspera ni faltarle el respeto. Me hubiera encantado ser una esposa dulce, amable, buena, tierna y amorosa.

Aún me angustiaba por mi problema, preguntándole al Señor, "¿Qué pasa conmigo?" A pesar de intentar con todas mis fuerzas cambiar mi exterior y convertirme para el Señor en un olor grato, en mi interior estaba llena de fruto podrido cuyo olor llegaba a todos con quienes entraba en contacto. Aunque deseaba ser un árbol que produjera buen fruto, me era imposible hacerlo porque en mí había una raíz de amargura, y una raíz amarga produce un fruto amargo.

El árbol malo

Porque cada árbol se conoce por su fruto, pues no se cosechan higos de los espinos, ni de las zarzas se vendimian uvas. El hombre bueno, del buen tesoro de su corazón saca lo bueno; y el hombre malo, del mal tesoro de su corazón saca lo malo; porque de la abundancia del corazón habla la boca.

—Lucas 6:44, 45

Imagínese un árbol con raíces, tronco y ramas. Imagínese que es un árbol en plena producción de fruto.

Jesús dijo que a cada árbol se le conoce e identifica por su fruto. Imagínese que está mirando un árbol frutal que muestra el fruto de todas las cosas malas que se producen en la vida de una persona emocionalmente desequilibrada. Si observa las raíces del árbol verá cosas tal como rechazo, maltrato, culpa, negatividad y vergüenza.

Si usted tiene problemas con alguna de estas cosas en su vida, se debe a que son el fruto amargo de lo que se ha arraigado en sus patrones de pensamiento. Tal vez usted sea producto de que sus padres o los que lo rodeaban reflejaban o proyectaban su imagen indebidamente en usted. Lo que quiero decir es que usted puede estar sufriendo ahora debido al mal ejemplo al cual fue expuesto durante su niñez y juventud.

Si una y otra vez sus padres, maestros y otras figuras principales de su niñez le repetían que era malo, que algo andaba mal con usted, que no podía hacer nada bien, que no valía nada y nunca llegaría a nada, quizás comenzó a creerles. Es posible que Satanás haya reforzado ese mensaje repitiéndoselo sin cesar hasta que se volvió parte de la imagen que tiene de sí mismo y comenzó a reflejar en su exterior la persona que pensaba que era en su interior.

Se ha comprobado que si una persona cree firmemente algo acerca de sí mismo, de hecho, comenzará a comportarse de la manera en que se percibe. Lo que está ocurriendo es que las raíces del árbol malo, reflejo de nuestra imaginación y producto de nuestro patrón de pensamiento, están produciendo el fruto malo que creció de esa raíz.

Uno de los frutos malos del árbol malo es la vergüenza.

La vergüenza normal y la vergüenza enraizada

Cada día mi vergüenza está delante de mí, y la confusión de mi rostro me cubre...
—Salmo 44:15

Si usted se encuentra enraizado en la vergüenza, entonces tiene que darse cuenta que la vergüenza es muy distinta a la culpa, otra de las raíces del árbol malo en su patrón de pensamiento. Existe además una diferencia entre la vergüenza normal y la enraizada.

Por ejemplo, si derramo sin querer el vaso de agua en un restaurante elegante, siento vergüenza, resulta embarazoso porque tuve un descuido en público. Sentirse así es normal. Pronto asumo lo sucedido y sigo adelante. El incidente no marca mi vida de manera negativa.

En el Jardín del Edén, luego de la caída, Adán y Eva sintieron vergüenza cuando se dieron cuenta de que estaban desnudos, así que se cosieron hojas de higuera y se hicieron delantales. Esa reacción también es la normal.

Cuando usted y yo cometemos errores o caemos en pecado, nos sentimos mal por un tiempo hasta que nos arrepentimos y recibimos perdón. Entonces podemos dejar el asunto en el pasado y seguir adelante sin que el daño sea permanente.

Mas cuando un individuo está enraizado en la vergüenza, ésta afecta cada aspecto de su vida. No sólo siente vergüenza por lo que ha hecho, sino por quien es.

Por ejemplo, si un padre abusa sexualmente de su hija, quizás al principio sienta vergüenza de lo que le está ocurriendo. Si continúa, con el tiempo se sufre una transformación. Comenzará a interiorizar esa situación traumatizante y la niña no sólo se avergonzará de lo que le ocurre, sino también sentirá vergüenza de sí misma.

Es posible que se pregunte, "¿Qué hay en mí que hace que mi padre me trate así? ¿Cuál es mi defecto que lleva a mi padre a comportarse de esa manera?"

Un niño no tiene la capacidad suficiente para mirar lo que está ocurriendo y echar la culpa donde corresponde echarla. Quizás ella no logre ver que existe una distinción entre lo que le está ocurriendo a ella a diferencia de quién es ella, su identidad. Puede que hasta llegue a pensar que es culpa suya que su padre abuse de ella, que de alguna manera merece ser tratada de esa manera. De ser así, la imagen que tiene de sí misma se verá completamente afectada.

Así era yo antes. Me habían rechazado y maltratado por tanto tiempo que pensaba que había algo mal en mí.

Gracias a Dios que Él me liberó de esa manera de pensar. Ahora, cuando cometo un error, puede que me angustie por un momento, como lo hacemos todos, pero no me la paso culpándome y preguntándome cuál es mi problema. Reconozco que cometí una falta, pero no me avergüenzo de no ser perfecta.

Si los demás me tratan mal, mi reacción automática ya no es sentirme culpable porque no valgo nada. No me siento avergonzada porque no sirvo para nada, o porque pienso que merezco que me traten así.

El tronco

Si una persona tiene vergüenza enraizada, tarde o temprano según esos pensamientos fluyen hacia el tronco, quizás sin querer, comience a pensar, "Hay en mí tantas faltas e imperfecciones que el verdadero yo no es aceptable; más vale que me ponga una careta".

¿Cuántos de nosotros nos pasamos la vida luchando por convertirnos en algo que no somos, tratando de impresionar a todos, y terminando tan confundidos que no sabemos ni quiénes somos?

A menudo, a causa del temor que uno tiene de que se descubra quién es uno realmente, nos comportarnos de una manera muy distinta ante otros. A causa de que uno teme ser rechazado o hacer el ridículo, se pasa la vida entera intentando ser lo que los demás piensan que uno es. Durante el proceso perdemos la noción de quién somos realmente y terminamos sintiéndonos completamente desdichados.

Si sentimos que quien somos en realidad no es aceptable, es posible que empecemos a esconder nuestros verdaderos sentimientos. Algunas personas una habilidad de tal magnitud para reprimir sus verdaderos sentimientos, que se congelan o paralizan emocionalmente, haciéndoseles imposible expresar ningún tipo de sentimiento ni emoción porque les resulta tan doloroso hacerlo.

Muchos hombres se rehusan a mostrar vulnerabilidad, ternura ni sensibilidad alguna porque temen que si lo hacen, aparentarían ser débiles. Así que, en vez de descubrir sus verdaderos sentimientos, adoptan una actitud machista, lo que únicamente enmascara el problema, y terminan sufriendo no sólo ellos, sino los demás, especialmente sus esposas.

Me parece que ya es hora de desenmascararnos y volvernos genuinos. Es hora de dejar de actuar y jugar papeles. Tenemos que permitir que el Espíritu Santo nos enseñe quiénes somos en realidad. Entonces tenemos que ser honestos y descubrirnos a nosotros mismos y a los demás, en vez de siempre vivir atemorizados de lo que la gente pueda llegar a pensar de nosotros si revelamos nuestro verdadero carácter y nuestra verdadera naturaleza.

El "tanque de amor"

...para que habite Cristo por la fe en vuestros corazones, a fin de que, [seáis] arraigados y cimentados en amor...

—Efesios 3:17

Cada uno de nosotros nace con un "tanque de amor", y si tenemos el tanque vacío, tenemos problemas. Desde el mismo momento en que nacemos necesitamos comenzar a recibir amor y cariño, y seguir recibiendo y dando, hasta el día de nuestra muerte.

Hay veces que Satanás logra arreglar las cosas de tal manera que en vez de recibir amor, recibimos maltrato. De continuar, ese abuso nos tergiversa y llegamos a estar tan faltos de amor, que nos es imposible mantener una relación sana. Muchos desarrollan distintos tipos de comportamientos adictivos. Si no logran sentirse bien en su interior, tratan de buscar esos sentimientos positivos externamente.

Una de las cosas que tenemos que comprender es que las personas poseen una cierta cantidad de sentimientos positivos. Todos hemos sido creados para sentirse bien consigo mismo. Nos resulta imposible andar sufriendo, siendo heridos continuamente y sintiéndonos mal todos el tiempo. Sencillamente no hemos sido diseñados ni equipados para vivir de esa manera. La gente busca hallar esos sentimientos positivos por medio del sexo, las drogas, el alcohol, el tabaco, la comida, el dinero, el poder, el juego de azar, la televisión, los deportes y muchas otras adicciones. Sencillamente intentan obtener esos sentimientos positivos carentes en su interior y en sus relaciones personales.

Aún hay muchos cristianos que no derivan sentimientos positivos de sus relaciones personales. Se limitan a seguir la rutina, sin disfrutar de la vida, debido a que se les ha privado de lo que realmente necesitan y anhelan: ser amados.

La buena nueva es que, no importa qué nos haya sucedido en el pasado, de qué hayamos sido privados, podemos obtener del Señor cuanto necesitemos. Él es nuestro Pastor, así que nada nos faltará (Salmo 23:1). Él ha prometido no privarnos de nada que sea bueno (Salmo 84:11).

Si no recibimos el amor que necesitábamos cuando éramos niños, o si carecemos de él en la actualidad, no es necesario que vivamos con el tanque vacío el resto de nuestra vida. Aún si no existiera ningún otro ser humano sobre la faz de la tierra que nos ame, Dios nos sigue amando. Podemos arraigarnos y cimentarnos en Su amor, y no en lo que yace en las raíces del árbol malo y de su fruto.

El fruto malo

Vimos que una raíz amarga produce un fruto amargo, y que algunos de los frutos producidos por el árbol malo son el rechazo, el maltrato, la culpa, el negativismo y la vergüenza. Otros frutos adicionales son la depresión, una autoestima baja, falta de confianza en sí mismo, enojo, ira, odio, lástima de sí mismo y hostilidad.

Hemos analizado en detalle algunos de estos frutos: el maltrato, la vergüenza, la lástima de sí mismo y la depresión. Miremos ahora más de cerca lo que dice la Biblia acerca de los malos frutos producto de la ira y la hostilidad y cómo se relacionan éstos a la raíz de la vergüenza.

No se impaciente

No te impacientes a causa de los malignos,
Ni tengas envidia de los que hacen iniquidad.
Porque como hierba serán pronto cortados,
Y como la hierba verde se secarán.
Confía en Jehová, y haz el bien;
Y habitarás en la tierra, y te apacentarás de la verdad.
Deléitate asimismo en Jehová,
Y él te concederá las peticiones de tu corazón.
Encomienda a Jehová tu camino,
Y confía en él; y él hará.
Exhibirá tu justicia como la luz,
Y tu derecho como el mediodía.

—Salmo 37:1–6

Cuando mi esposo y yo contrajimos matrimonio hace ya más de treinta años, mi suegra escribió el quinto versículo de este salmo en la tapa de la Biblia que me regaló, sin ella conocerme bien.

Esa era la Escritura sobre la cual debía basar mi vida debido a todo lo que había sufrido en el pasado. Me impacientaba tanto debido a lo que me habían hecho y cómo había afectado mi vida, ¡que me debí haber llamado "Impacienta". Necesitaba desesperadamente dejar de impacientarme y empezar a confiar. Necesitaba encomendar al Señor mi camino y permitir que Él obrara en mí una completa sanidad y restauración.

Si usted sufre y está herido, si ha perdido control de las emociones, si está cosechando el fruto malo de la raíz nociva de su pasado, entonces haga lo que yo: deje de impacientarse y empiece a confiar.

Lea estos versículos a diario, y medite en ellos. Permita que le ministren la gracia, el amor y la misericordia de Dios a su alma turbada. Encomiende su camino a Dios. Entréguele a Él sus preocupaciones. Deposite su fe y su confianza en Él. Confíe y dependa en que Él sanará su herida y su dolor y lo restaurará plenamente a una equilibrada salud emocional.

Deje la ira

Guarda silencio ante Jehová, y espera en él.
No te alteres con motivo del que prospera en su camino,
Por el hombre que hace maldades.
Deja la ira, y deshecha el enojo;
No te excites en manera alguna a hacer lo malo.
—Salmo 37:7, 8

A veces resulta difícil no alterarse cuando hemos sido lastimados o maltratado por alguien a quien, aparentemente, le va mejor que a nosotros.

Pienso, por ejemplo, en las mujeres cuyos maridos las abandonaron para irse con otra y aparentan vivir una vida feliz y exitosa, a pesar de todo el mal que han hecho y la desdicha que han causado.

Pero este pasaje dice que no termina ahí la cosa.

En el versículo 8 el salmista nos exhorta por tercera vez a no turbarnos. Ya que este concepto se repite tantas veces, debe ser un punto importante, uno que debemos aprender y hacer caso.

¿Porqué se nos dice que debemos dejar la ira, desechar el enojo y no excitarnos de manera alguna? Porque hacerlo no lleva sino a hacer lo malo.

En vez de dar rienda suelta a nuestras emociones turbadas y buscar vengarnos contra los que nos han ofendido o hecho daño, tenemos que guardar silencio ante el Señor y esperar que sea Él quien obre venganza: si es eso realmente lo que conviene, será Él quien la obrará. No somos nosotros

CONTROLANDO SUS EMOCIONES

quienes tenemos que vengarnos del enemigo, sino que Dios
lo hará por nosotros.

No nos toca a nosotros enojarnos ni devolver el mal
hecho. Al contrario, debemos permanecer mansos, sabiendo
que a fin de cuentas somos nosotros los que venceremos.

Los mansos heredarán la tierra

Porque los malignos serán destruidos,
Pero los que esperan en Jehová, ellos heredarán la
tierra.
Pues de aquí a poco no existirá el malo;
Observarás su lugar, y no estará allí.
Pero los mansos heredarán la tierra,
Y se recrearán con abundancia de paz.
—Salmo 37: 9–11

Según el versículo 9, no sólo los malignos serán des-
truido, sino que los que esperan en Dios heredarán la tierra.
El versículo 10 reitera que el malo segará las consecuencias
de sus malas acciones. Entonces en el versículo 11 una vez
más se nos dice que los mansos heredarán la tierra.

Este es el pasaje del Antiguo Testamento al cual Jesús se
refirió cuando en el Sermón del Monte dijo: *Bienaventurados
los mansos*, porque ¡ellos recibirán la tierra por heredad!
(Mateo 5:5).

Usted y yo, ¿somos obreros o herederos? ¿Debemos
intentar hacer las cosas por nuestros propios medios, o permitir que sea Él quien obre por nosotros lo mejor?

¿Se supone que estemos enojados, o seamos mansos?

La mansedumbre como punto medio

La palabra griega traducida "manso" en Mateo 5:5 es
praus, o sea, tranquilo o humilde. El sustantivo es *prautes*, o
sea, tranquilidad, humildad y mansedumbre.

En el *diccionario Vine* de términos del Antiguo y Nuevo

Testamento, el autor indica que "...la mansedumbre es lo opuesto a tratar de imponerse y al egoísmo; es ecuanimidad de espíritu que ni está eufórico se siente deprimido, por el solo hecho de que no se preocupa para nada por el ego".

Una vez escuché que según Aristóteles, *prautes* o mansedumbre es el punto medio entre los extremos emocionales. En este caso, describe el equilibrio que hay que mantener en cuanto al enojo y la ira.

Como hemos visto, hay quienes tienen raíces de amargura debido a las cosas que les han ocurrido en el pasado. Permiten que la amargura, la ira, el enojo y la hostilidad que sienten se manifiesten de maneras anormales.

Así era yo. Dentro mío llevaba agolpadas todo tipo de emociones, pero no tenía idea alguna de cómo liberarlas o expresarlas como corresponde. No sabía cómo entregárselas al Señor.

Ni siquiera sabía con quién enojarme. Lo único que sabía era que estaba enojada, herida, cansada de que hicieran lo que querían conmigo, harta del maltrato, y había tomado la decisión firme de que no iba a aguantarle nada a nadie.

Estaba enojada, pero no contra quien debía estarlo. Canalizaba mi enojo hacia seres humanos, aún hacia mí, en vez de enojarme contra la verdadera fuente de mi problema, que era el diablo y sus demonios (Efesios 6:12).

Sin embargo, debido a que estaba tan llena de ira y hostilidad, vivía al borde de lo que yo llamo "el punto de detonación". Si tan solo alguien me contrariaba o me ofendía, o algo no salía bien, y enseguida estaba lista para explotar.

Ese es uno de los extremos del enojo y de la ira. El otro es no enojarse nunca con nadie—ni por situación alguna ni por motivo alguno.

Hay personas que tienen una personalidad tan debilucha y son tan tímidos que dan por sentado que no importa lo que les ocurra, ni cuán mal los traten, la culpa es suya y no ofrecen resistencia alguna.

Debido a que tienen una imagen tan pobre de sí mismos y una autoestima tan baja, de hecho piensan que *se merecen* que los maltraten y se aventajen de ellos. Como resultado, pasan por la vida pidiendo disculpas cuando deberían sentir enojo de una manera equilibrada. Sencillamente son trapos de piso para que todo el mundo los pise, y esponjas para absorber todo lo que el diablo y sus secuaces derraman sobre ellos. Esto *no* es lo que la Biblia quiere decir con mansedumbre.

La verdadera mansedumbre

Y aquel varón Moisés era muy manso, más que todos los hombres que había sobre la tierra.
—Números 12:3

Creo que la verdadera mansedumbre es enojarse en el momento y la intensidad correspondientes y por el motivo apropiado.

La Biblia dice que cuando Dios llamó a Moisés para ser el libertador de los israelitas y liberarlos de la esclavitud en Egipto, Moisés era el hombre más manso en la faz de la tierra. O sea, que podía mantener un delicado equilibrio entre los extremos emocionales.

Por ejemplo, Moisés era paciente y sufrido con los israelitas, a menudo intercediendo por ellos para protegerlos de la ira de Dios contra sus pecados y rebeliones.

En calidad de guía y libertador nombrado por Dios, Moisés sobrellevó y aguantó décadas de quejas y murmullos de esta gente insolente que nunca parecían cansarse de probarle la paciencia y el aguante.

Sin embargo, cuando bajó de la montaña luego de haberse reunido con Dios en la cima y vio que los israelitas se doblegaban y adoraban la vaca hecha por sus propias manos, se enojó tanto que ¡echó por tierra las tablas de piedra donde Dios había escrito los Diez Mandamientos!

Hay momentos en que se debe reprimir el enojo, y hay momentos en que se debe expresar. La sabiduría está en saber distinguir la diferencia. Moisés poseía ese tipo de sabiduría, y nosotros también la necesitamos.

Una persona mansa no es alguien que jamás muestra enojo alguno, sino alguien que nunca permite que éste se descontrole.

Mansedumbre no quiere decir ser carente de emociones, sino tener pleno dominio de ellas y saber canalizarla en la dirección y para el propósito que corresponden.

Adoptados por Dios

> *Bendito sea el Dios y Padre de nuestro Señor Jesucristo, que nos bendijo con toda bendición espiritual en los lugares celestiales en Cristo, según nos escogió en él antes de la fundación del mundo, para que fuésemos santos y sin mancha delante de él, en amor habiéndonos predestinado para ser adoptados hijos suyos por medio de Jesucristo, según el puro afecto de su voluntad.*
> —Efesios 1:3-5

Hay quienes tienen problemas emocionales porque son adoptados. Debido a que, por alguna razón, sus padres biológicos decidieron abandonarlos, sienten que no los querían ni los amaban. En vez de mirarse a sí mismos desde esa perspectiva, deberían considerar que sus padres adoptivos sí los querían y sí los amaban, porque los escogieron a propósito para formar parte de su familia.

Según este pasaje, fue eso exactamente lo que Dios hizo por usted y por mí. Nos escogió para ser amados como hijos suyos. No sólo eso, sino que lo hizo antes de la fundación del mundo. Antes siquiera de que existiéramos, nos escogió y consagró, apartándonos para estar sin mancha delante de Él, sin tacha ante Él, en amor.

¡Dios nos ordenó de antemano, nos predestinó, planificó en amor adoptarnos y revelarnos como hijos suyos por medio de su Hijo Unigénito, Jesucristo! Sabiendo esto, ¡nuestro tanque de amor debería estar lleno hasta rebosar!

El problema es que muchas personas han estado muy

faltos de cariño y de amor. En vez de encontrar su verdadera valía y su mérito en Cristo, intentan obtener el amor que anhelan profundamente de fuentes que jamás van a poder satisfacer esta necesidad.

En el Salmo 27:10 David escribió: *Aunque mi padre y mi madre me dejaran, con todo, Jehová me recogerá.*

¿No resulta maravilloso?

Qué consuelo es saber que aunque nos hayan abandonado por algún motivo nuestros padres humanos, Dios nos ha escogido y adoptado como hijos suyos, no por nuestro gran amor hacia Él, sino por Su gran amor para con nosotros.

Ahora que le pertenecemos a Él, ha prometido no dejarnos jamás, como lo puedan haber hecho los demás, sino amarnos y cuidar de nosotros para siempre como amados hijos suyos.

El buen árbol

> *O haced el árbol bueno, y su fruto bueno, o haced el árbol malo, y su fruto malo; porque por el fruto se conoce el árbol.*
>
> —Mateo 12:33

Al igual que analizamos el árbol malo y su fruto malo, hagamos otro tanto con el buen árbol y su buen fruto. Encontramos la lista de estos frutos en Gálatas 5:22, 23.

> *Mas el fruto del Espíritu es amor, gozo, paz, paciencia, benignidad, bondad, fe, mansedumbre, templanza; contra tales cosas no hay ley.*

Todos estos frutos buenos se producen en la vida del individuo que está arraigado y cimentado, no en la vergüenza, sino en el amor de Dios.

Aún si está usted arraigado en la vergüenza y en todos los demás frutos del árbol malo, puede trazar una raya con la sangre de Cristo que corte con todo eso, y trasplantarse para estar arraigado y cimentado en Su amor. De ese momento en adelante, puede comenzar a crecer y desarrollarse y convertirse en una persona normal, plena, sana y con juicio, produciendo todo tipo de buen fruto en su vida.

Cómo amarse a usted mismo

…Amarás a tu prójimo como a ti mismo.

—Mateo 19:19

Creo que uno de los mayores problemas que tienen las personas hoy por hoy tiene que ver con la manera en que se sienten acerca de sí mismos.

A partir de mi experiencia con dictar reuniones y conferencias me he dado cuenta que muchas personas acarrean consigo algunas actitudes e imágenes de sí mismos que son muy negativas. De hecho, algunos lo han hecho por tantos años que ni siquiera se dan cuenta de ellas.

De vez en cuando usted y yo tenemos que hacer un inventario de nuestra persona. ¿Se ha hecho uno últimamente? ¿Qué opina usted de sí mismo? ¿Qué tipo de relación tiene usted consigo mismo?

No importa dónde usted vaya ni lo que haga en esta vida, siempre va a tener que enfrentarse a usted mismo. No hay forma alguna de alejarse de su *yo*.

Si el Señor nos mando a amar al prójimo como a uno mismo, debe haber querido decir que es igual de importante amarnos a nosotros mismos como amar a los demás. Pero no es suficiente amarnos a nosotros mismos, también debemos *caernos bien*.

Cómo caerse bien a sí mismo

Usted es una persona a quien se le hace imposible alejarse de sí mismo. Si usted no se cae bien, tiene un grave problema entre manos.

Esta verdad la aprendí hace varios años mientras pasaba una época horrible porque no me podía llevar bien con nadie. Descubrí que la razón por la cual me era tan difícil llevarme con ellos era porque tenía dificultades para llevarme conmigo misma.

Si usted no se cae bien, se le va a hacer difícil que le caiga bien otra persona. Puede pretender que no es así, pero pretender no altera los hechos. Tarde o temprano la verdad saldrá a relucir.

Se supone que cada uno de nosotros sea poderoso en Dios, y viva en equilibrio y armonía tanto en su interior como en su exterior. Para lograrlo, no sólo hay que tener una actitud correcta para con los demás, sino que también para consigo mismo. Hay que estar en paz con el pasado, contento con el presente y seguro del futuro, sabiendo que los tres están en manos de Dios. Hay que ser estable, arraigado y cimentado en el amor de Dios expresado en Jesucristo.

Una vez uno esté arraigado y cimentado en amor, puede relajarse y sentirse a gusto, sabiéndose aceptado, y que esa aceptación no se basa en un comportamiento perfecto. Uno puede saber a ciencia cierta que su valía y su mérito no dependen de quién es uno ni de lo que opine, diga o haga, sino más bien en quién es uno en Cristo Jesús.

Con este conocimiento de estar seguro de quién uno es en Él, uno puede renunciar a las máscaras y a la farsa. No es necesario ya pretender. No hay que ser hipócrita. Por el contrario, uno se siente con la libertad de ser uno mismo, tal como es.

Qué gozo y alivio saber que no hay que vivir la vida intentando impresionar a los demás tratando de ser intelectuales o perfectos. Cuando uno comete un error uno puede tomar las medidas necesarios para corregirlo sin sentirse molesto consigo mismo. Uno puede descansar en el Señor, confiando que Él se asegurará de que todo salga bien a pesar de nuestras faltas, debilidades y fracasos.

La palabra clave del asunto es *descansar*. Deje de intentar hacer todo por cuenta propia, y permita que sea Dios quien obre lo necesario para cumplir con el bueno y perfecto plan que Él tiene para su vida.

No es necesario que viva día tras día con algo que le carcome el interior. Deje atrás el pasado con su vergüenza y aprenda a vivir del gozo y la paz que Dios había planificado para usted desde un principio.

Definición de la palabra vergüenza

No temas, pues no serás confundida; y no te avergüences, porque no serás afrentada, sino que te olvidarás de la vergüenza de tu juventud, y de la afrenta de tu viudez no tendrás más memoria.

—Isaías 54:4

En este capítulo hemos analizado muchas facetas distintas de la vergüenza y de los problemas que surgen a raíz de la misma. Pero, exactamente, ¿qué es la vergüenza desde el punto de vista bíblico?

En el Antiguo Testamento, una de las palabras hebreas utilizadas para expresar la idea de sentirse avergonzado es "sentirse confundido".

Según el DRAE, *confundir* significa, en las siguientes acepciones: "perturbar, desordenar las cosas o los ánimos, equivocar, tomar una cosa por otra, humillar, abatir, avergonzar, turbar a alguien de manera que no acierte a explicarse". Bajo *confusión* hallamos que "echar la confusión" a alguien quiere decir "imprecarlo o maldecirlo".

Maldecir, según el DRAE, quiere decir, "echar maldiciones contra una persona o cosa", y *maldición* quiere decir "Imprecación que se dirige contra una persona o cosa, manifestando enojo y aversión hacia ella, y muy particularmente, desde de que le venga algún daño".

¡Qué palabra tan horrible! No en balde el diablo hace que tantas personas anden continuamente maldiciendo a todo y a todos.

El punto es, que si una persona está enraizada en la

vergüenza, si se avergüenza de sí mismo, entonces no se cae bien. Esto no sólo implica que no le gusta lo que hace. Significa que no le gusta quién es.

Aprenda a caerse bien

Usted y yo tenemos que aprender a distinguir entre lo que *hacemos* y lo que *somos*.

Yo no siempre hago todas las cosas bien, pero eso no quiere decir que no sea hija de Dios y que Él no me ame. He cometido errores en mi vida, y aún sigo cometiéndolos, pero me sigo cayendo bien a mí misma.

Si usted se cae bien, aún si no le cae bien a nadie más, saldrá adelante. Pero cuando empiece a caerse bien a usted mismo, a los demás también les sucederá igual.

Mírese en el espejo cada mañana y dígase: "Me caes bien. Eres hijo de Dios. Estás lleno del Espíritu Santo. Eres muy capaz. Posees dones y talentos. Eres una persona estupenda, y ¡me caes requetebién!"

Si lo hace, y realmente se lo cree, obrará maravillosamente para ayudarle a vencer una naturaleza enraizada en la vergüenza.

Caernos bien a nosotros mismos no quiere decir que estemos llenos de soberbia, sino sencillamente que nos aceptamos como creación de Dios. Todos necesitamos mejorar ciertos comportamientos, pero aceptarnos a nosotros mismo como la persona que Dios creó resulta crucial para que podamos progresar y salir adelante.

El problema con el perfeccionismo es que, dado que es una meta imposible de lograr, sienta las bases para que se desarrolle en la persona un complejo de inferioridad. La persona se vuelve neurótica. Asume tantas responsabilidades que cuando fracasa, automáticamente da por sentado que es culpa suya. Termina pensando que anda algo mal en su interior porque le es imposible guardar sus metas excesivas o guardar un horario poco realista.

Sandra pensaba que algo andaba mal en ella porque no

podía alcanzar los objetivos poco realistas que se había fijado. Finalmente aprendió que lo que la impulsaba eran presiones demoniacas que no eran para nada lo que Dios requería de ella.

A veces un perfeccionismo y neuracismo tan pronunciados llevan a la persona a odiarse a sí misma, lo que hace que la persona corra grandes riesgos en los aspectos físico, mental, emocional y espiritual.

Estas terribles consecuencias son parte del fruto malo que produce el árbol malo de la vergüenza. Pero existe una solución. La encontramos en la Palabra de Dios.

La doble honra

En lugar de vuestra doble confusión y de vuestra deshonra, os alabarán en sus heredades; por lo cual en sus tierras *poseerán doble honra*, y tendrán perpetuo gozo.

Si usted está convencido de que su naturaleza esta enraizada en la vergüenza, o que se encuentra arraigado y cimentado en la vergüenza, Dios tiene el poder para romper el yugo de esa maldición que está sobre usted.

Vimos en Isaías 54:4, y ahora aquí, en Isaías 61:7, que el Señor ha prometido quitar de nuestro medio la vergüenza y la deshonra para que no la recordemos nunca más. Él ha prometido que en su lugar derramará sobre nosotros una bendición doble para que poseamos el doble de lo que hayamos perdido, y que disfrutaremos de un gozo eterno.

Párese firme en la Palabra de Dios. Arráiguese y ciméntese, no en la vergüenza y en la deshonra, sino en el amor de Cristo, completados en Él.

Pídale a Dios que obre un milagro de sanidad en su mente, voluntad y emociones. Permita que Él venga y cumpla en usted lo que prometió: vendar su corazón quebrantado, a publicar libertad para su cautiverio, y abrir la cárcel donde se encuentra lo preso, doble honra a cambio de doble deshonra.

Tome la decisión firme de que ahora en adelante va a

rechazar toda raíz de amargura, vergüenza, negativismo y perfeccionismo y en cambio va a alimentar las raíces de gozo, paz, amor y poder.

Trace una línea con la sangre de Cristo, cruce esa raya, y proclame osadamente que ha sido sanado de los sufrimientos y las heridas del pasado y ha sido puesto en libertad para una vida nueva de salud y plenitud.

Continúe alabando al Señor y confesando Su Palabra, reclamando Su perdón, limpieza y sanidad.

Deje de culparse a sí mismo, de sentirse culpable, inmerecedor y no amado. Por el contrario, comience a proclamar: *Si Dios está conmigo, ¿quién contra mí? Dios me ama, y yo me amo a mí mismo. Alabado sea el Señor, soy libre en el nombre de Jesús, ¡amén!*

9

❧

La codependencia

La codependencia es un término que ha cobrado mucho auge en la actualidad, no sólo en ámbitos cristianos, sino también en los no cristianos. Me gustaría dedicar este capítulo a analizar este problema desde mi propia perspectiva, y compartir con usted unas verdades espirituales al respecto que pueden ayudarlo a reconocerla y a encararse a ella más eficazmente.

La dependencia y la adicción

Para comprender qué es la codependencia, debemos primero comprender de qué se trata la dependencia, o sea, una adicción a ciertos comportamientos, personas o cosas.

Aunque a menudo pensamos que la adicción es la que se tiene con el tabaco, el alcohol, las drogas o alguna otra sustancia nociva, no es ese el caso. Las personas pueden volverse adictas a todo tipo de cosas, inclusive a otras personas. Es posible ser adicto a la preocupación, a la planificación excesiva, al razonamiento, al control, a gastar dinero, y a un millar de cosas, tanto buenas como malas.

El problema con una adicción es que prueba que hay una falta de equilibrio.

Como vimos en 1a Pedro 5:8, en calidad de creyentes,

usted y yo debemos *guardar un buen equilibrio*. ¿Por qué? Debido a que nuestro enemigo, el diablo, anda como león rugiente buscando a quién devorar. Esa es la razón por la cual ese versículo nos instruye a resistirlo firme en la fe.

Creo que el exceso es el parque de juegos del enemigo. Si hay cualquier aspecto de nuestra vida donde tenemos excesos, Satanás se servirá de ellos para sacarnos ventaja.

En términos generales, una adicción es algo que una persona piensa o siente que tiene que tener, que no puede estar sin eso y hará lo imposible por conseguirlo, inclusive cosas descabelladas e irracionales en desobediencia a Dios.

Todas las adicciones surgen de un comportamiento obsesivo-compulsivo. Miremos más de cerca este término para qué significa realmente.

Comportamiento obsesivo-compulsivo

Según el DRAE, la palabra *obsesión* se refiere a una "perturbación anímica producida por una idea fija". Es una "idea que con tenaz persistencia asalta a la mente". O sea, que es una preocupación desmedida sobre algo. La persona que se obsesiona de algo piensa en ello todo el tiempo y nunca cesa de hablar al respecto. Su mente y lengua viven enfocados única y exclusivamente en eso.

Si piensa y habla al respecto el tiempo suficiente, se vuelve un comportamiento compulsivo, o sea, que se siente obligado a hacer lo que sea para lograr su objetivo.

Permítame compartir una ilustración propia.

Hubo un tiempo en que me encantaba el yogur helado. Si me permitía pensar y hablar de ello suficiente tiempo, me podía llegar a obsesionar a tal punto que me veía obligada a meterme en el carro y manejar cuarenta minutos sólo para comprar un vasito de tres onzas.

Ese es un comportamiento obsesivo-compulsivo. Me dominaba a mí, me era imposible controlarlo a él. Me sigue gustando el yogur helado, pero en medida.

Ahora bien, de vez en cuando todos cometemos actos

irracionales. Pero si nuestra vida está marcada por seguidos actos irracionales para satisfacer los impulsos y deseos, tenemos un problema entre manos. El diablo hará incapié en el asunto, intentando convencernos de que no podemos controlar nuestros pensamientos y deseos, que no hay manera alguna de que podamos ser liberados de nuestro irracional comportamiento obsesivo-compulsivo que puede hasta llegar a ser dañino.

Todo nace en la mente y en la lengua, y surge a raíz de una falta de equilibrio y de dominio propio.

La solución al comportamiento obsesivo-compulsivo

Si el problema nace en la mente y en la lengua, entonces la solución ¡también debe provenir de ellas!

Caminar por el mejor camino que Dios ha trazado para nosotros es mucho más fácil de lo que imaginamos. La mejor manera de curarnos de lo que nos aflige, ya sea mental, física, emocional o espiritualmente, es hacer una lista de versículos bíblicos relacionados a nuestro problema y comenzar a declararlos con la lengua hasta que la revelación de los mismos nazca en la mente y en el corazón.

¿Recuerda usted cuál fue la solución que planteamos para luchar contra los sentimientos de rechazo? Era el de comenzar cada día con la aseveración: "¡Dios me ama! ¡Él me ama!" Esta verdad también se aplica a todo cuanto nos moleste, turbe o cause dolor, preocupación o desdicha.

Si prestáramos más atención a lo que pasa en nuestra mente y lo que decimos con la lengua, experimentaríamos mucha más alegría, paz, plenitud y victoria en nuestra vida.

Las adicciones son igual a cualquier otro problema mental, emocional o físico que podamos sufrir. Pueden ser sanados si se les aplica el tratamiento correspondiente. Aún el comportamiento obsesivo-compulsivo puede ser sanado mediante el poder del Espíritu Santo y la aplicación la Palabra de Dios.

Reacción negativa

Claro está, cada vez que se hace el esfuerzo de vencer una adicción muy arraigada, van a sufrirse algunas reacciones negativas.

Cuando tomé la decisión firme de no impacientarme, preocuparme ni ponerme ya más a razonar las cosas, tuve una fuertísima reacción. Cada vez que me daba por vencida y me preocupaba, impacientaba o me ponía a razonar las cosas, me sentía *mejor*, por lo menos por un corto tiempo. Entonces me sentía aún peor porque había fracasado nuevamente y tenía que volver a empezar desde el principio.

El mismo principio que se aplica a las adicciones físicas o a agentes químicos se aplica a las adicciones mentales o emocionales. Al igual que un fumador, un alcohólico o un drogadicto sufre una reacción dolorosa al quebrar el hábito que lo destruye, nosotros tendremos que pasar por un período de dolor o incomodidad para lograr romper las adicciones mentales o emocionales.

Quizás la reacción sea aún peor si la adicción sea hacia otra persona o grupo de personas.

"Las personas, los lugares y las posiciones"

...¿Qué a tí? Sígueme tú.

—Juan 21:22

Mucho antes de que escuchara el término codependencia, prediqué un mensaje sobre la dependencia y la adicción que llamé: "Las personas, los lugares y las posiciones".

Ese mensaje lo prediqué debido a que en ese tiempo estaba ocurriendo algo en mi vida a lo cual estaba haciendo frente, y pensé que quizás otras personas estarían teniendo la misma experiencia.

Había establecido relaciones personales con un grupo de personas en una iglesia, en la cual yo ejercía ciertas responsabilidades y ocupaba un puesto de importancia. Quería estar en ese lugar, ocupando esa posición, entre personas con las cuales quería estar asociada. El único problema estaba en que Dios me estaba llamando a dejar atrás todo eso y continuar con lo próximo que Él tenía para mí. No entendía por qué me estaba resultando tan difícil obedecerle a Dios.

Ahora sé que se debía a que yo dependía de esas personas, ese lugar y esa posición. Esas cosas eran las que determinaban mi valía y mi mérito. Mi sentimiento de seguridad, autoestima y satisfacción los obtenía de con quién me codeaba, dónde estaba y lo que estaba haciendo. Dios me estaba pidiendo que hiciera todo eso a un lado para ir a un lugar recóndito y empezar de nuevo de cero.

Claro está, había promesas de por medio, como cuando Dios llamó a Abraham: "Si me obedeces y haces lo que te pido, entonces ensancharé tu tienda y te extenderás hacia el norte, el sur, el este y el oeste, y te bendeciré y te haré bendición para los demás...".

Sin embargo, al igual que Abraham, para disfrutar de las bendiciones prometidas, tuve que dejar lo que pensaba era la fuente de mi felicidad y seguridad, para salir, sin saber adónde ni lo que me esperaba al llegar.

No me di cuenta de que tenía una adicción. Era adicta a y dependía de esas personas, ese lugar y esa posición. Así que por un año entero desobedecí el llamado de Dios.

Como hemos visto, el adicto hará cuanto tenga que hacer para satisfacer su deseo, aún hasta el punto de hacer cosas que no son sabias ni racionales, desobedeciendo a Dios. Ese es lo que estaba haciendo yo, aunque no lo entendía completamente en aquel entonces.

La dependencia en las personas

Así ha dicho Jehová: Maldito el varón que confía en el hombre, y pone carne por su brazo, y su corazón se aparta de Jehová. Será como la retama en el desierto, y no verá cuando viene el bien, sino que

*morará en los sequedales, en el desierto, en tierra
despoblada y deshabitada.*

—Jeremías 17:5, 6

Si siente el alma seca, débil y desolada, puede deberse a
que está dependiendo demasiado de la carne y no lo suficientemente en Dios.

En mi propio caso, cuando tuve que responder al llamado de Dios, dejando atrás las personas, el lugar y la
posición a la cual me había vuelto tan adicta, para obedecerle a Él, tuve que hacer un traspaso de mi dependencia,
del hombre a Dios. Tuve que darme cuenta que confiar en
las personas, no importa cuán buenas sean éstas o en cuán
alta estima las tengamos, es confianza mal puesta.

La dependencia en Dios

*Bendito el varón que confía en Jehová, y cuya con-
fianza es Jehová. Porque será como el árbol plantado
junto a las aguas, que junto a la corriente echará sus
raíces, y no verá cuando viene el calor, sino que su hoja
estará verde; y en el año de sequía no se fatigará, ni
dejará de dar fruto.*

—Jeremías 17:7, 8

En Filipenses 3:3 el apóstol Pablo nos indica que no
debemos depositar confianza alguna en la carne. Por el
contrario, hay que depositar la confianza en Dios, y solamente en Él. Él es la roca eterna e inmutable. Es Él quien
nunca nos va a dejar ni desamparar ni defraudarnos.

En mi vida llegué a un punto en que tuve que trasladar
mi dependencia en los demás a dependencia en Dios.

Amo a mi esposo, y tenemos una buena relación personal.
Una vez me puse a pensar, "Ay, ¿qué haría si falleciera Dave?
Él es tan bueno conmigo y me ayuda de tantas maneras.
¿Qué haría si ya no lo tuviera más a mi lado?"

Mientras más seguía pensando por esa vena, más me turbaba y más miedo me infundía. Así que el Señor tuvo que lidiar conmigo al respecto. Me dijo: "Te digo lo que harías si algo le llegara a ocurrir a Dave. Seguirías haciendo exactamente lo que estás haciendo ahora, porque no es Dave el que te sostiene, ¡soy yo!"

Resulta maravilloso gozar de todo tipo de apoyo humano, pero siempre debemos mantenernos firmes en Dios, únicamente en Él. Eso fue lo que hizo Jesús.

Jesús como ejemplo

Pero Jesús mismo no se fiaba de ellos, porque conocía a todos, y no tenía necesidad de que nadie le diese testimonio del hombre, pues él sabía lo que había en el hombre.
—Juan 2:24, 25

Jesús, nuestro ejemplo y modelo, no confiaba en las personas porque conocía la naturaleza humana. Sin embargo, se relacionaba con las personas, especialmente con sus discípulos. Comía y bebía con ellos. Reía y lloraba con ellos. Eran sus amigos, y Él se interesaba por ellos. Pero no se entregaba a ellos.

Pienso que lo que eso implica es que dependía de ellos. No desnudaba ante ellos su alma. No se permitía llegar al punto de sentir que no podía vivir sin ellos. A propósito se mantenía en una postura de dependencia total y única tan solo en Dios.

Lo que el Señor nos dice en pasajes similares a éste es que tenemos que guardar el equilibrio. Tenemos que amar a nuestro prójimo y mantener una buena relación con él. Debemos llevarnos bien con los demás a diario. Pero nunca debemos cometer el error de pensar que podemos depositar en los demás una confianza absoluta.

¡No existe un ser humano que jamás nos fallará, desilusionará ni lastimará de alguna manera! ¡No existe en la tierra tal persona!

Esto no quiere decir que estemos juzgando negativamente

a nuestro cónyuge, a la familia o a las amistades. Sencillamente es una observación acertada acerca de la naturaleza humana. Nosotros los seres humanos no tenemos la habilidad de ser cien por ciento confiables al igual que no tenemos la habilidad que se requiere para ser perfectos todo el tiempo.

No ejerza presión sobre los demás al tener la expectativa de que nunca lo van a desilusionar, fallar o herirlo.

Como bien dice Santiago; ...*Porque todos ofendemos muchas veces. Si alguno no ofende en palabra, éste es varón perfecto, capaz también de refrenar todo el cuerpo...* (Santiago 3:2). Esa es la razón por la cual necesitamos un Sanador, a Aquél que nos conoce y sabe por lo que estamos pasando debido a que ha vivido en carne propia los mismos sentimientos, emociones, presiones y tentaciones, igual que nosotros, mas sin caer en pecado, como todos nosotros hacemos tan a menudo (Hebreos 4:15).

Para mantener el equilibrio adecuado

Pero lejos de mí gloriarme, sino en la cruz de nuestro Señor Jesucristo, por quien el mundo me es crucificado a mí, y yo al mundo.

—Gálatas 6:14

En este versículo el apóstol Pablo aclara que él no se gloriaba en nada ni en nadie, porque el mundo se había crucificado para él, y él se había crucificado al mundo.

Lo que pienso que quería decir era que en su vida mantenía todas las cosas, inclusive las personas, los lugares y las posiciones, dentro del equilibrio adecuado. No dependía de nada ni de nadie para mantener su gozo, su paz y su victoria en el Señor.

Si no cuidamos de mantener el equilibrio adecuado en la vida, pueden desarrollarse en nosotros adicciones y hasta comportamientos obsesivo-compulsivos de los cuales Satanás se pueden servir para destruirnos a nosotros y que no podamos ser eficaces para Cristo.

En mi caso, si comienzo a sentir que tengo que comer yogur helado todas las noches, o ir de compras día por medio, o rodearme constantemente de personas que me digan qué maravillosa soy, entonces me he vuelto adicta a esas cosas. Dependo de ellas para sentirme la satisfacción que tanto anhelo tener. Me vuelvo al mundo para buscar lo que solo Dios puede darme.

> *Poned la mira en las cosas de arriba, no en las de la tierra. Porque habéis muerto, y vuestra vida está escondida con Cristo en Dios.*
> —Colosenses 3:2, 3

Si usted y yo dejamos que nos volvamos adictos a las cosas y a las personas, y dependemos de ellos, el diablo los usará para causarnos todo tipo de dolores de cabeza. Es por eso que debemos fijar la mirada en Cristo y no en las cosas de este mundo, como nos exhorta a hacer Pablo en Colosenses 3:2–3. Al igual que Pablo, usted y yo hemos "muerto a este mundo", y el mundo ha muerto para nosotros. No debemos buscar ayuda en él, sino en el Señor.

Una vez en una de mis reuniones estaba imponiendo manos y orando por las personas cuando noté que había una mujer, más o menos de mi edad, que se había hecho un ovillo. Gritaba y lloraba, "¡Mamita, te necesito! ¡Papito, te necesito!"

Al principio titubeé si hacer algo o no, porque no soy siquiatra y no tengo la capacitación necesaria para lidiar con las personas a nivel sicológico.

Pero entonces comenzó a gritar, "¡Mamita, no permitas que Papito me haga eso!" Indudablemente comprendí que estaba haciendo una regresión a una época de su niñez cuando había sido maltratada, quizás física y sexualmente, por su padre. La madre debe haber conocido del asunto, pero no hizo nada para ayudarla. Era muy posible que ambos padres la hayan rechazado y abandonado, y esa herida le había estado doliendo desde entonces.

Seguía pegando voces y gritando lo mismo: "¡Mamita, te necesito! ¡Papito, te necesito!"

Por fin llegué a mi límite y comencé a decirle: "¡No necesitas ni a tu mami ni a tu papi! ¡Tienes todo cuanto necesitas! ¡Tienes a Jesús! ¡No llores ni te lamentes por algo que nunca vas a tener! ¡Aférrate a lo que sí tienes!"

Seguí hablándole e insistiendo, hasta que el Espíritu Santo le dio la victoria. Comenzó a proclamar, "¡No necesito ni a mami ni a papi! ¡Tengo todo cuanto necesito! ¡Tengo a Jesús!"

Me quedé ministrándole por un rato y entonces la dejé bajo la supervisión de otros consejeros mientras seguía ministrando y orando por los demás. Cuando volví treinta minutos después para ver cómo seguía, estaba en pleno dominio de sus facultades y de sus emociones.

Usted y yo nunca nos sentiremos completos ni nos sentiremos bien mental ni emocionalmente mientras pensemos que tenemos que depender de algo o de alguien. Puede que sea lindo tenerlos, igual que habría sido lindo que esta mujer pudiera haber tenido a su mamá y a su papá. Pero ¡no es *necesario* que tengamos a nadie ni a nada, excepto a Dios, para poder salir adelante!

Tenemos que esforzarnos por depender únicamente del Señor y no permitir que desarrollemos dependencia alguna en ninguna otra persona ni en ninguna otra cosa.

Dependa solamente en Dios

Es menester que dependamos de Dios, y únicamente de Él, no en Dios y otra persona o cosa que pensemos que necesitamos para ser felices.

Solía pensar que nunca sería feliz a menos que creciera mi ministerio. Pero no aumentó hasta que aprendí que podía ser feliz aún si no creciera jamás.

El Señor me dijo entonces, "Cualquier cosa que *tengas* que tener además de mí para ser feliz es algo que el diablo puede usar en contra tuya". Alguien hizo una placa con esas palabras y me la regaló, y yo la puse en mi recámara para que cada mañana, cuando abra los ojos, las viera y nunca cometiera el error de depender de nadie ni de nada que no fuera el Señor.

En mis oraciones diarias a veces digo, "Padre, hay algo que deseo, pero no quiero perder el equilibrio en las cosas ni adelantarme a ti. Si es tu voluntad, me gustaría tener esto. Pero si no es tu voluntad, entonces puedo ser feliz sin ello porque quiero que tú seas número uno en mi vida".

Creo que si mantenemos las cosas dentro de la perspectiva y prioridad adecuada, Dios puede darnos mucho más de lo que jamás hayamos podido tener nosotros si hubiéramos ido en pos de las cosas, en ves de en pos de Él y su justicia (Mateo 6:33).

> *Con todo eso, aun de los gobernantes, muchos creyeron en él; pero a causa de los fariseos no lo confesaban, para no ser expulsados de la sinagoga. Porque amaban más la gloria de los hombres que la gloria de Dios.*
>
> —Juan 12:42, 43

Hay muchas personas que nunca reciben lo mejor que Dios tiene preparado para ellos porque son adictos a obtener la aprobación de los demás. Aún si saben que cuál es la voluntad de Dios para ellos, no la siguen debido a que temen que sus amigos no lo comprendan o no estén de acuerdo.

Es verdad que no todos aprueban de la forma en que Dios se mueve en nuestras vidas y de los métodos que usa para con nosotros.

A mí me rechazaron casi totalmente cuando comencé a seguir la voluntad de Dios para mí. Era difícil mantenerme firme al respecto contra la crítica ajena. Durante ese tiempo aprendí que lo que importa no es la opinión de los demás, sino lo que Dios piensa al respecto.

En Gálatas 1:10 Pablo escribió: *Pues, ¿busco ahora el favor*

de los hombre, o el de Dios? ¿O trato de de agradar a los hombre?
Pues si todavía agradara a los hombres, no sería siervo de Cristo.

No sea adicto a la aprobación ajena. Siga su corazón.
Haga lo que usted cree que Dios le está diciendo que haga,
y manténgase firme en Él y únicamente en Él.

La definición de codependencia

Ahora que hemos estudiado lo que significa dependencia, que como dijimos es un tipo de adicción a
comportamientos, personas o cosas, definamos entonces
qué es la codependencia.

La codependencia se da cuando una persona que tiene
una dependencia, o una adicción, tiene un compañero que
depende malsanamente de la persona con la adicción.

Así que una persona codependiente es la que tiene una
relación personal con alguien que está adicto a, obsesio-
nado por o dominado por algo dañino o destructivo.

Por ejemplo, cuando mi esposo y yo primero nos casamos,
era adicta a ciertos sentimientos, como por ejemplo, al enojo.
El 90% del tiempo me la pasaba enojada por algo. Debido a
que en mi juventud había sido maltratada, estaba llena de
amargura e ira reprimidas. Si Dave no hubiera estado bien
cimentado en su relación con Dios y no hubiera sabido bien
quién era él en Cristo, podría haberse dejado afectar por mi
actitud y mi comportamiento. De haberlo hecho, habríamos
tenido una relación codependiente, porque él habría depen-
dido de mí, mientras que yo dependía de mis emociones.

Pero gracias a Dios, no fue eso lo que ocurrió.

Una de las mejores cosas que mi esposo jamás haya
hecho por mí es reusarse a permitir que fuera yo la que lo
hiciera feliz a él.

Si usted tiene una relación personal con alguien que
depende de las drogas, del alcohol, o alguna otra sustancia
nociva, y usted depende de que esa persona lo haga feliz,
entonces usted se ha vuelto codependiente. Aunque usted
no es el que está adicto a esa sustancia que crea un hábito

en la persona y domina su vida, de todos modos se ve afectado por ella. Ambos se vuelven codependientes del otro.

Si usted y yo no tenemos cuidado, cuando trabamos una relación personal con otra persona que tiene una adicción, permitiremos que esa persona deposite en nosotros ese problema.

¿Tiene usted una relación personal con alguien que lo hace desdichado debido a su adicción o problema? De ser así, usted necesita hacer algo acerca de esa situación.

En mi caso, mi esposo no se permitía a sí mismo a llegar a una relación de codependencia conmigo porque no permitía que yo depositara en él mis problemas. Por ejemplo, yo me enojaba con él y quería empezar una discusión, pero él se iba por su propio camino gozando de paz y armonía total. Me molestaba muchísimo con él porque no estaba dispuesto a pelear conmigo y le gritaba, "¿Qué te pasa a tí? ¡Ni siquiera eres humano!"

No se permita a sí mismo entrar en una relación de codependencia con nadie más. No permita que los demás depositen en usted sus problemas. No permita que los demás lo hagan sentirse desdichado sencillamente porque ellos lo sean.

Si usted tiene una familia, no permita que su cónyuge ni sus hijos dominen sus emociones y roben su paz y su gozo. Sólo por el hecho de que hayan tomado una decisión que los ha hecho sentirse desdidachos no quiere decir que se usted obligado a compartir esa desdicha. Ayúdelos a luchar contra el problema dentro de la medida de sus posibilidades, pero de ninguna manera caiga en la trampa de intentar resolverle los problemas a los demás o intentar hacerlos felices.

¡Resulta imposible!

Dios nos ha equipado a cada uno de nosotros con libre albedrío, o sea, voluntad propia, que Él mismo nos ha dado. Cada uno es responsable de su propia felicidad. Si uno escoge permitirse a sí mismo sentirse desdichado e infeliz, el problema radica en uno, no en nadie más. De igual manera, el que otra persona decida sentirse miserable y desdichada no es culpa de uno. Ninguno de nosotros es responsable de la felicidad ajena.

Pienso que no llegamos a comprender que de la mejor manera que uno puede ayudar a la persona es no cediendo a sus adicciones emocionales.

Mi esposo siempre fue bueno conmigo. Me amaba, y me lo demostraba. Todos los días ofrecía compartir conmigo su amor y su felicidad, si yo quería aceptarlos. Pero nunca me forzó a aceptarlos. Me sentía con la entera libertad de unirme a su paz y felicidad si así deseaba hacerlo, y él se sentía con la entera libertad de no compartir mi desdicha y mi infelicidad.

Resulta importante que no permitamos que los demás nos dominen y manipulen al punto de hacernos codependientes con ellos en sus ataduras emocionales.

Si su cónyuge está enojado, se siente desdichado o miserable o triste, ese es problema de su cónyuge, no suyo. Si él o ella quiere sentarse y ponerse a lamentarse y a murmurar y tener lástima de sí mismo, usted no se ve obligado a unirse a esos sentimientos ni a sujetarse a ellos.

Recuerdo enojarme con Dave muchísimo porque quería ir a jugar al golf todos los fines de semana. Intenté por todos los medios impedírselo. Mientras más lo intentaba, más jugaba él.

Me ponía loca.

Solía decirme, "¿Por qué no me acompañas al campo de golf?" Pero no era eso lo que yo quería. No era que yo no quisiera ir. Era cuestión de que yo quería que se quedara conmigo en casa. Como yo no quería ir, no quería que él fuera tampoco. Mas él iba y la pasaba de maravilla, mientras que yo me quedaba en casa todo el día sintiendo lástima de mí misma. En lo más profundo de mi interior, lo único que estaba haciendo era se terca y obstinada. Pero eso era lo que estaba escogiendo hacer yo y era de mi responsabilidad, no de Dave.

Aunque dependía de ciertas cosas para sentirme feliz,

Dave no se permitía a sí mismo ser codependiente de mi adicción emocional.

La pesadilla del dominio y la manipulación

Pero yo dije: Por demás he trabajado en vano y sin provecho he consumido mis fuerzas; pero mi causa está delante de Jehová, y mi recompensa con mi Dios.
—Isaías 49:4

¿Tiene idea alguna de la pesadilla que es pasarse la vida trabajando en vano, gastando las fuerzas a cambio de nada, de continuo intentar mantener a todo y a todos a su alrededor bajo control?

Si usted vive esa pesadilla, Dios quiere que usted comprenda que puede tomar la resolución de cambiar. Usted puede decidirse a no ser controlador ni manipulador.

De igual manera, si usted ha permitido que lo controlen, dominen y manipulen, puede resolver romper con el poder que eso ejerce sobre su vida.

La codependencia no es algo que se puede corregir sólo por medio de la oración. Se necesita de una decisión firme y resuelta de la voluntad de la persona que se encuentra en esa situación.

Si usted está adicto a cualquier tipo de sustancia que causa daño a la salud, tales como el tabaco, el alcohol o las drogas, entonces sabe que vencer ese hábito requerirá de cierto esfuerzo de parte suya.

Lo mismo se aplica si usted es adicto al trabajo, a derrochar dinero, planifica demasiado o se preocupa constantemente. Para romper el ciclo de la adicción, tiene que hacer más que tan solo orar, también debe comprometerse a romper ese hábito por el poder de Dios.

Igualmente, si usted depende de otra persona quien es adicta a alguna sustancia o actividad nociva, tiene que actuar. Tiene que tomar la decisión firme de que no permitirá que los problemas de esa persona lo hagan perder el equilibrio.

¿Cómo sabe uno si se está perdiendo el equilibrio? Porque comienza a perder la paz y el gozo.

Si usted es como yo, ha pasado la mayor parte de la vida intentando controlar a todo y a todos los que lo rodean en un esfuerzo vano por protegerse para que no le vuelvan a hacer daño jamás. Tiene que aprender a renunciar a esos vanos esfuerzos, porque si no lo hace, terminará igual que yo, habiéndome esforzado en vano y habiendo gastado las fuerzas sin obtener nada a cambio.

Usted necesita aprender lo que yo: deje de luchar y sencillamente póngase en manos de Dios, fijando los ojos en Él, su recompensa y galardón.

El temor

> *En el amor no hay temor, sino que el perfecto amor echa fuera el temor; porque el temor lleva en sí castigo. De donde el que teme, no ha sido perfeccionado en el amor.*
>
> —1a Juan 4:18

Siempre y cuando el codependiente sea el que domine en la relación, se siente seguro. Cuando pierde ese control, se siente vulnerable y amenazado, así que se torna molesto, enojado y se pone a la defensiva.

Si acabo de describirlo a usted, entonces tiene que concentrarse en aprender cuánto lo ama Dios y que el perfecto amor echa fuera todo temor. No es necesario que usted tenga miedo de perder ni de que le hagan daño porque el amor de Dios lo rodea, lo penetra y lo protege.

El complejo de sentirse salvador del mundo

> *¿Y por qué miras la paja que está en el ojo de tu hermano, y no echas de ver la viga que está en tu propio? ¿O cómo dirás a tu hermano: Déjame sacar la paja de tu ojo, y he aquí la viga en el ojo tuyo? ¡Hipócrita! Saca*

*primero la viga de tu propio ojo, y entonces verás bien
para sacar la paja del ojo de tu hermano.*

—Mateo 7:3–5

Además del temor, el codependiente a menudo posee un falso sentido de la responsabilidad. Piensa que es su deber arreglarlo todo. Piensa que tiene que cuidar de todos cuantos llega a conocer y asegurarse de que se sientan bien y disfruten.

El resultado es que el codependiente por lo general termina sintiéndose frustrado y exhausto porque le es imposible mantenerlo todo arreglado, y que todo funcione perfectamente y que todos estén contentos y satisfechos.

Un codependiente es en realidad igual de culpable que el dependiente. Si está viviendo con alguien que es dominante, y usted intenta por todos los medios mantener contenta a esa persona sacrificándose a sí misma para cumplir con sus expectativas o demandas, entonces usted está ayudándole a esa persona a perpetuar ese comportamiento.

Hay quienes hasta se vuelven adictos al maltrato. Se acostumbran de tal manera al maltrato que piensan que se lo merecen. Es posible que además pienses que el comportamiento del que los maltrata de alguna manera es culpa suya. Es por eso que siguen haciendo todo lo posible por mantener contenta a la otra persona para que los traten bien a ellos.

Si acabo de describirlo a usted y se da cuenta que es codependiente, manos afuera. Deje de responsabilizarse de todo y de los problemas de todos, ¡ya hay Alguien que tiene esa posición! Ayude a las personas de una manera *razonable*.

Si usted siempre está intentando rescatar a todo el mundo que cruza su camino, usted se está haciendo daño a sí mismo y a los demás. Siempre y cuando intente hacerlo todo por los demás, se sentirá frustrado y desilusionado, y ellos jamás aprenderán a hacer nada por sí mismos.

No desarrolle un complejo de salvador del mundo.No intente usurparle el papel a Jesucristo. No se vuelva personalmente responsable por los demás y sus problemas. Por el contrario, dé prioridad principal a resolver los suyos propio, sólo entonces podrá encarar los de los demás.

La codependencia y una baja autoestima

La persona que es codependiente por lo general también sufre de una baja autoestima y con frecuencia es inmaduro.

La persona maduras no reacciona ante cada error que cometen sintiéndose emocional y espiritualmente asolado, sino que sabe mantener cierto equilibrio en la vida.

Llegar a ser libre de la codependencia depende sobre el desarrollo de un sentido de valía aparte de lo que hace la persona. Si un individuo no es codependiente, puede solo pararse firme en Cristo.

Si uno es libre de la codependencia, entonces no depende de personas, lugares ni posiciones. No es necesario que se relacione con cierta persona, o estar en un cierto lugar, ni ocupar cierta posición para sentirse a salvo, confiado y seguro.

Si usted es libre de la codependencia, no siente que tiene que estar en control de todo y de todos. Puede permitirles a los demás tomar sus propias decisiones y no sentirse amenazado por ello ni sentirse responsable. Usted no siente la necesidad de resolver coda problema o satisfacer a cada persona.

Si usted está libre de la codependencia, puede pararse firme sobre sus dos pies y buscar en el Señor su valía y su mérito, no en las opiniones de los demás ni en circunstancias externas. Puede resistirse a que lo controlen, dominen o manipulen.

Usted ha sido hecho libre del yugo de la codependencia porque sabe quién es en Cristo y confía en que el Señor le dará la victoria.

Confíe en Dios

En los conferencias que dicto sobre la codependencia

aliento a que las personas escuchen a Dios para que sea Él quien les diga lo que deben hacer, y entonces deben hacerlo.

Si el Señor lo ha puesto en una situación difícil, Él es lo suficientemente poderoso como para cubrirlo con su gracia y mostrarle la manera más sabia de lidiar con esa situación para que ella no le haga daño.

Es posible que no sea placentero vivir en esa situación, pero tiene que recordar que nuestro Dios es un Dios facilitador. Si usted sigue depositando en Él su confianza, Él se asegurará de que usted obtenga la victoria.

Aunque esté viviendo con una persona controladora, dominante y manipuladora o aún un inconverso, no se desanime. Dios puede cambiar a la persona más mala y áspera del mundo. Puede cambiar completamente a los peores casos y usarlos para Su gloria.

Si usted está estancado en medio de una situación donde existe la codependencia, es posible que el Señor lo guía a hablar con esa persona. Puede que lo lleve a usted a confrontar al que está haciéndole la vida desdichada. Si usted tiene miedo de hacerlo, Él le dará la valentía que necesitará para pararse firme.

También le dará la sabiduría y la valentía de no dejarse maltratar ni permitir que esa persona se aproveche de usted. Si, por ejemplo, si usted vive con un perfeccionista, Él le ayudará a no sentirse desdichado al intentar hacer lo imposible por mantener contenta a esa persona.

El problema es que si usted ha permitido que esa situación continuara por muchos años, entonces se le hará difícil confrontar a esa persona.

En mi propio caso, Dave vivió con mis fallas por mucho tiempo, pero a la larga comenzó a confrontarme y a mostrarme que necesitaba cambiar.

Fue difícil. Aunque deseaba cambiar y hacer lo que sabía que era la voluntad de Dios, para cumplirla tuve que armarme de valor y entrar en un compromiso conmigo misma.

Al contar con la presencia y el poder del Espíritu Santo que mora en usted, puede lograrse. Usted puede ser liberado de una manera segura si es obediente al Señor y confía en que Él lo va a libertar.

¿Fe o temor?

Pero el que duda sobre lo que come, es condenado, porque no lo hace con fe; y todo lo que no proviene de fe, es pecado.

—Romanos 14:23

¿Es posible realmente permitir que otro ser humano nos domine y manipule, y honestamente decir que lo hacemos en fe? ¡Claro que no! Sabemos que este tipo de comportamiento surge a raíz del temor, no de la fe. La fe obedece a Dios, pero el temor es fácilmente intimidado y encuentra muchas excusas para desobedecer.

Una persona perfeccionista, un adicto al trabajo o alguien que es adicto a la perversión sexual, es igual de dependiente que un adicto a un agente químico, tal como el alcohol o las drogas. Si intentamos suplir las necesidades de esa persona, codependemos de ese individuo.

Supongamos por ejemplo que vivimos con un hipocondríaco. Si no somos cuidadosos, podemos ser codependientes de las enfermedades imaginarias de esa persona.

Todos queremos sentir compasión del que está enfermo. Ciertamente queremos ser bondadosos con ellos y ayudarlos. Pero puede ser que realmente no estén poniendo de su parte para mejorarse. Sencillamente se sirven de nuestra bondad y compasión para atraer la atención. Quizás fueron víctimas de maltrato en el pasado y están intentando obtener de nosotros lo que les faltó en su niñez.

Es bueno ayudar a las personas heridas, pero cuando sus necesidades emocionales comienzan a dominarnos, el peligro que corremos es de dejarnos llevar por ellos y sus problemas en vez de por el Espíritu Santo de Dios. Si intentamos cumplir con las necesidades de los demás a expensas de nunca tener la libertad de hacer lo que nosotros sentimos que debemos hacer, codependemos en ese individuo y su problema.

Si vemos que ese es el caso y no hacemos nada al respecto por tener miedo o por habernos equivocado al otorgar confianza, entonces nos hemos convertido en codependientes. La fe nos provoca que demos el paso y digamos o hagamos lo Dios ha puesto en nuestro corazón, el miedo lo que provoca es mantenernos tímidamente bajo control y dominio.

Recuerde, la gente que está hambrienta de atención pueden usar sus debilidades emocionales o enfermedades para controlarnos. Cuántas veces hemos escuchado a las personas manipuladoras hacer comentarios como: "Estoy vieja, ahora nada de lo que me pase te importa", o "Te crié toda mi vida, me sacrifiqué para darte un techo, ropa y una educación y ¿ahora sólo quieres dejarme aquí sola?".

Existe un balance que debemos mantener en tales situaciones. Ese balance es el Espíritu Santo dentro de nosotros para guiarnos hacia la verdad de cada situación y circunstancia en la que nos vemos envueltos. Él nos proveerá la sabiduría para saber cuándo debemos adaptarnos y ajustarnos y cuándo debemos tomar una posición firme e inmovible.

Mantenga en mente que *la fe obedece a Dios, ¡el miedo se mueve fácilmente por las emociones desenfrenadas!*

¿Codependiente, independiente o dependiente de Dios?

Algunas veces quizá sea uno el que depende de alguien o algo. En otras ocasiones quizá seamos la persona de la que alguien depende.

Tal vez también nos convertimos en personas independientes. Lo que eso quiere decir es que decidimos que no necesitamos a nadie—incluyendo a Dios. Quizá decidimos hacer las cosas a nuestra manera, no permitiendo que nos convirtamos en dependientes de otros o que alguien dependa de uno.

También nos podemos hacer codependientes, como ya describimos. Finalmente, nos podemos hacer dependientes de Dios, lo que es la respuesta a todos estos problemas de desbalance emocional.

Por ejemplo, durante mi juventud dependí de la persona que me usaba y abusaba de mí. Este individuo, que dependía del alcohol y otros vicios, controlaba mi vida completamente de manera que yo no tuviera libertad alguna.

Cuando me salí de esa relación codependiente, yo misma me convertí en una controladora y manipuladora, trataba que otros se hicieran codependientes de mí y mi necesidad de atención y afecto. Esa era la manera en yo era cuando me casé con mi esposo, quien me confrontó al respecto.

Mi problema era una falta de equilibrio emocional, una falta de objetividad. Debido a mi trasfondo, simplemente no podía juzgar las cosas apropiadamente. No sabía cómo actuar normalmente porque no sabía lo que eso significaba. Reaccionaba de acuerdo a mis emociones en vez de de acuerdo al sentido común, la sabiduría y la Palabra de Dios en mí como creyente.

Por ejemplo, si Dave estaba corrigiendo a nuestros niños, yo interfería para defenderlos. Dave trataba de decirme que no los estaba maltratando, pero como yo había sido maltratada tuve mucha dificultad en entender eso. Siempre quise llevar la disciplina porque pensaba que lo haría apropiadamente. En realidad, en ocasiones era más severa con ellos que como era Dave, pero confiaba en mí y no en él.

Era una "frenética del control". Siempre quise estar en control de todo porque no confiaba en nadie sólo en mí.

Parte de lo que Dios tuvo que enseñarme fue a confiar en Él y no en mis emociones. Tuve que aprender a escuchar al sentido común que me decía que Dave no iba a maltratar a nuestros hijos o a mí y que podía confiarle sus vidas y la mía. Tuve que aprender a no ser independiente, ni codependiente, sino dependiente de Dios.

Apartarse, decidir y actuar

El primer paso para superar la codependencia y convertirse en dependiente de Dios es identificar el problema.

Permítame darle un ejemplo.

Hace un tiempo tuve una amiga que tenía una personalidad fuerte y un temperamento explosivo. Ella tenía muchos problemas con su esposo y se molestaba fácilmente. Le permití que me controlara y manipulara porque no quería provocar hostilidad en ella.

En ese caso, yo necesitaba identificar mi problema. Luego necesitaba desprenderme del mismo. Necesitaba alejarme a algún lugar donde pudiera analizar lo que estaba pasando y así tomar el siguiente paso, el cual era decidir qué hacer con la situación.

Esta joven me llamaba muy a menudo para preguntarme si podía visitarme para hablar conmigo. Cuando venía, se quedaba casi todo el día e interrumpía cualquier plan que yo tuviera. Yo intentaba decirle que necesitaba estar a solas con el Señor, pero me preguntaba si podía venir, y yo siempre cedía diciéndole que sí.

Aunque yo sabía que lo que me estaba pidiendo no era lo mejor para mí, le permití al miedo que sentía por su coraje que le pasara por encima a lo que yo sabía que era la voluntad de Dios para mí. De manera que terminaba haciendo lo que ella esperaba de mí en vez de lo yo quería y necesitaba hacer. Estaba haciendo lo que fuera con tal de mantenerla "estable".

Desde entonces he aprendido que lo que necesito hacer en esa situación es apartarme y decir: "¿Te puedo llamar de nuevo en unos minutos? Tengo unas cuantas cosas por hacer y entonces te llamaré". Así me podía desprender de esa situación perturbante y orar: "Señor, ¿qué tú quieres que yo haga aquí? ¿Quieres que adapte y ajuste mi itinerario y le permita a esta mujer venir a mi casa por su bien? ¿O prefieres que me mantenga firme y que haga lo que ya tenía planificado para hoy?".

Es asombroso cuando te alejas de tales situaciones incómodas y le permites a tus emociones que se asienten, en cuanto más sentido común y sabiduría podemos operar. Si el Señor te dice que hagas algo que sabes que va a ser difícil para ti, puedes recoger fuerza y valor para hacerlo.

En este caso, si el Señor me hubiese dicho: "Confronta esta situación y dile a esta mujer que necesitas pasar un tiempo a solas conmigo". Pude haber pedido fortaleza para hacerlo y no haber permitido que ella me controlara e intimidara.

Esta es la belleza de ir al Padre en oración. Él siempre está ahí para ayudarnos a hacer lo que tenemos que hacer. Independientemente de lo que afrontemos en la vida, siempre nos podemos identificar, desprender y decidir. Entonces el último paso es actuar.

Pero debemos estar seguros que la acción que tomemos sea la correcta.

Grupo de recuperación de codependencia

Vestíos de toda la armadura de Dios (la armadura de un soldado bien armado que Dios provee), para que podáis estar firmes contra las (todas) asechanzas del diablo. Porque no tenemos lucha contra sangre y carne (contra oponentes físicos), sino contra principados, contra potestades, contra los gobernadores de las tinieblas de este siglo, contra huestes espirituales de maldad en las regiones celestes (supernatural). Por tanto, tomad la armadura de Dios, para que podáis resistir en el día malo (de peligro), y habiendo acabado todo (las demandas de la crisis), estar firmes (mantenerse fijo en su lugar).

—Efesios 6:11-13

Hay muchos grupos de recuperación por codependencia disponible hoy en día. Quisiera compartir con usted algunos de los beneficios y peligros asociados con ellos.

Primero que nada, muchos de estos programas están dirigidos por la Nueva Era. Envuelven conceptos y prácticas que no van conforme a la Biblia.

Un ejemplo es el manejo de la ira. Algunos enseñan que cuando una persona está molesta, debe encerrarse en un cuarto y expresar su coraje contra algún objeto inanimado, como algún mueble. En mi opinión, esa no es la clase de actividad de la que un cristiano debe participar.

Recuerdo una dama cristiana que me compartió lo que había experimentado en uno de esos grupos. Me dijo que su consejera le pedía que golpeara su almohada para así sacar sus frustraciones y coraje. Le tuve que decir que en lo que ha mí concierne esa práctica no es bíblica.

Tengo una enseñanza en la cual abordo el tema de la ira reprimida desde el punto de vista de las Escrituras. En ella señalo que se nos dice en Efesios 6:11-13, que nuestra batalla no es sólo con nuestras emociones, pero con las fuerzas espirituales que juegan con nuestras emociones.

En la Versión Reina-Valera de este pasaje no dice que no luchamos contra sangre y carne (eso es contra nuestra naturaleza humana), pero contra principados y potestades (eso es, contra fuertes entidades espirituales).

Pero aún así no podemos poner a pelear oscuridad contra oscuridad. Pienso que la mejor manera de resistir y vencer a nuestros poderosos enemigos espirituales no es dándole paso a nuestro coraje y frustración de manera carnal, sino rindiéndonos al poder y la presencia del Espíritu Santo en nosotros.

Otra señora me contó que estaba en un grupo de recuperación de codependencia en su iglesia. Mientras la escuchaba describir el programa, me di cuenta que aunque tenía muchas buenas características y probablemente ayudaba a mucha gente, este programa en particular no estaba completamente basado en las Escrituras. Existen otros buenos programas, pero éste estaba mezclando las Escrituras con las maneras del mundo, ¡lo que es peligroso!

Cuando le pregunté sobre el programa, ella contestó, "Verdaderamente lo estoy disfrutando y pienso que es bueno. Pero tengo ciertas preocupaciones al respecto". En realidad lo que decía era que el Espíritu de Dios le estaba dando una advertencia.

Entonces prosiguió diciendo: "Escucho cristianos diciendo, *Si tienes un problema de codependencia, el Señor te hará libre. Simplemente cree en la Palabra y todo saldrá bien*".

Ella me explicó que había sufrido mucho abuso en sus años de juventud y no estaba recibiendo toda la ayuda a sus problemas emocionales a través del programa en su iglesia. Ella quería saber que yo pensaba.

Le dije: "Creo firmemente que la sanidad emocional no es tan sencilla como decir, Eres una nueva criatura en Cristo, simplemente camina como una".

Entonces le expliqué que aunque legalmente somos nuevas criaturas en Cristo, experimentalmente tenemos que afrontar y tratar los malos frutos de nuestra vida lo que es el resultado de las malas raíces del pasado.

Es cierto que la Palabra de Dios es verdad, y que es la verdad la que nos hace libres (vea Juan 17:17; 8:32). Pero también es cierto que tenemos que aplicar la Palabra de Dios a nuestra vida ante que tenga cualquier efecto que perdure en nuestra vida. Tenemos que permitirle al Espíritu Santo que nos revele cosas en nuestra mente y corazón que necesitan ser confrontadas a la luz de Su Palabra.

Para ser liberados, debemos saber de qué hemos sido liberados y cómo resistir de manera que no regrese.

¿Sirviente de Dios o de uno mismo?

> *Por lo cual, siendo libre de todos, me he hecho siervo de todos para ganar a mayor número (para Cristo).*
> —1a Corintios 9:19

Después de tratar por años con este tema de la sanación emocional, comencé a notar algo que me inquietó. Vi a muchas personas hacer de la sanación una religión. Establecieron una pequeña religión codependiente separada de la Iglesia de Jesucristo, con un nuevo sistema de creencias y prácticas basadas en su condición y en la percepción de la "cura" para ello.

El problema es que tales personas que se preocupan tanto de sus rituales y prácticas parece que nunca consiguen sanarse. Siempre están trabajando para conseguirlo.

Si usted es parte de un grupo de recuperación de codependencia, no estoy diciendo que deba salirse. Le estoy simplemente advirtiendo que no deje que se convierta en el centro de su vida. No se envuelva tanto que usted y las demás personas en su vida se vean consumidas por su problema.

Nunca use su problema como una excusa para tener malas actitudes o comportamiento.

Si está registrado en un programa, asista al mismo y termine el curso. Una vez terminado, se debe "graduar" y continuar con su vida. No pase el resto de su tiempo en esta tierra centrando su atención en algo que necesita ser confrontado, y tratado de una vez y para siempre.

Sea transfigurado por la Palabra

Por tanto, nosotros todos, mirando a cara descubierta (como en un espejo la gloria del Señor (en la Palabra de Dios), somos transformados de gloria en gloria en la misma imagen, como por el Espíritu del Señor.
—2a Corintios 3:18

Otro peligro de los grupos de recuperación de codependencia es la tendencia que tienen de clasificar como enfermedad lo que realmente es pecado. La Biblia no nos enseña que las adicciones son enfermedades sino pecado. Hay áreas a las que se les ha permitido salirse de balance—áreas que no son sometidas al autocontrol y las cuales necesitan ponerse bajo control con la ayuda del Espíritu.

Quizá hay casos que son excepciones en los cuales el

comportamiento adictivo se debe a un desbalance químico o algún otro problema físico, pero esos no son la mayoría de las situaciones. Si se deja esa puerta abierta, casi todo el mundo optará por pensar que su problema es algo que no pueden controlar, en vez de tomar responsabilidad por sus acciones.

Si está envuelto o se ve afectado por algo que es pecaminoso, usted necesita reconocer ese pecado, confesárselo a Dios, pedirle que lo perdone, arrepiéntase y entonces continúe con su vida. Usted no tiene que pasar el resto de su vida sintiéndose culpable. Puede ser perdonado y completamente restaurado por la gracia y el poder de Dios.

Comprendo que terminar con adicciones como lo son el alcoholismo, uso de drogas, perversión sexual, desórdenes alimenticios, jugar a las apuestas, etc., no es fácil. Aunque sinceramente creo que el patrón para la liberación es el mismo que se usa para cualquier otro problema o pecado. Romper con las adicciones de peso podría requerir más apoyo de los seres queridos o ayuda adicional del Espíritu Santo, pero la total liberación vendrá al seguir la dirección del Espíritu Santo y al rehusar vivir en esclavitud.

Si no somos cuidadosos, actuaremos como las personas carnales que buscan excusas para sus pecados. Las únicas personas que van a lograr madurez espiritual son aquellas que están dispuestas a buscar en la Palabra de Dios, se ven como son, y le permiten al Espíritu Santo que los guíe en cambiar esa imagen.

Sed hacedores de la Palabra
y no tan sólo oidores

Pero sed hacedores de la palabra, y no tan solamente oidores, engañándoos a vosotros mismos. Porque si alguno es oidor de la palabra pero no hacedor de ella, éste es semejante al hombre que considera en un espejo su rostro natural. Porque él se considera a sí mismo, y se va, y luego olvida cómo era. Mas el que mira atentamente en la perfecta ley, la de

> *libertad, y persevera en ella, no siendo oidor olvida-*
> *dizo, sino hacedor de la obra, éste será bienaventurado*
> *en lo que hace.*
>
> —Santiago 1:22–25

Si usted y yo debemos ser libres de la esclavitud, cual-quiera que sea, tenemos que convertirnos en hacedores de la Palabra y no meramente escucharla. De lo contrario nos estamos engañando al ir en contra de la Verdad.

Es la Verdad, y sólo la Verdad, la que nos hará libres. Para que esa Verdad trabaje en nuestra vida, tenemos que ser responsables. No podemos tratar de excusar nuestros pecados y debilidades. En su lugar tenemos que conver-tirnos en servidores cautivos de Dios y no de nuestra naturaleza humana. Tenemos que depender de la guía del Señor y no de la de uno mismo, otras personas o cosas.

Se pueden recibir beneficios de los grupos de recupera-ción si están de acuerdo con las Escrituras y si están dirigidos por personas maduras. Estos beneficios incluyen la oportunidad de hablar con otros que están pasando o han pasado por experiencias similares. Este tipo de intercambio y mutuo entendimiento parece ser importante para aque-llos que están heridos.

La gente parece sentirse cómoda hablando conmigo sobre el abuso que están viviendo porque saben que yo pasé por la misma situación. Frecuentemente me dicen que les da esperanza saber que otra persona pudo superar todo el dolor y la aflicción, y que ahora se siente realizado.

También es bueno separar un tiempo a la semana para afrontar estas situaciones profundas. Previene el echar a un lado a las personas pretendiendo que no están ahí. Es bueno rendirle cuentas a otro, un grupo lleno y dirigido por el Espíritu Santo puede proveer una atmósfera de rendir cuentas sin juzgar.

La sanación también puede venir directamente del Espíritu Santo y la Palabra de Dios. No tiene que venir de parte de ningún otro agente. Si Dios escoge usar a un individuo o a un grupo, esa es Su opción. Pero lo importante es estar seguro que esa es Su elección y no un desesperado intento de conseguir ayuda a cualquier precio.

Satanás está esperando para destruir aquellos que ya están heridos. Usualmente las personas que están emocionalmente golpeadas son fáciles de engañar. Han sido tan mal heridas, que fácilmente se sujetan alguien o algo que se ofrezca a ayudarlas.

Puede que suene algo sobreprotector, pero prefiero ser agresivamente prudente que ver a las personas engañadas y cayendo en peor cautiverio del que ya están sometidas.

El punto es: Dios es nuestra ayuda. Él es su sanador. Él tiene un plan para su liberación. Asegúrese que sepa lo que es esto, entonces comience a caminar de un extremo a otro un paso a la vez.

No permita que las lesiones emocionales controlen su decisión en esta materia. ¡Siga la paz y camine en sabiduría!

10

✺

Restaurando el niño interior

Otra de las cosas que hemos escuchado mucho en años recientes es sobre el niño interior. Creo que dentro de cada adulto sano debería de haber un niño. Quiero decir por esto, que cada individuo debe ser responsable, a la vez que libre de preocupaciones.

Creciendo rápidamente

"Y llamando Jesús a un niño, lo puso en medio de ellos, y dijo: De cierto os digo, que si no os volvéis y os hacéis como niños, no entraréis en el reino de los cielos."
—Mateo 18:2, 3

¿Siente que fue forzado en su niñez a crecer demasiado rápido? Si es así, debe saber que eso le sucede a muchas personas. Cuando eso pasa, ellos pierden algo y esa pérdida les perjudica en la edad adulta.

Como adultos debemos ser capaces de lograr cosas en nuestras vidas sin sentirnos cargados. Debemos ser responsables y a la vez lo suficientemente libres de preocupaciones para disfrutar nuestra vida diaria, aún nuestro trabajo, como leemos en Eclesiastés 5:18: *"He aquí, pues, el bien que yo he visto: que lo bueno es comer y beber, y gozar uno del bien de todo su trabajo con que se fatiga debajo del sol, todos los días de su vida que Dios le ha dado; porque esta es su parte."*

De hecho, yo creo que nosotros debemos ser capaces de disfrutar la más mínima cosa que nosotros hagamos.

Hace algunos años atrás me llamó la atención este hecho porque había comprendido que había pasado ya los 40 años de edad, estaba casada, tenía cuatro hijos y aún no podía decir que hubiera realmente disfrutado mucho de mi vida.

Juan 10:10 nos dice que Jesús dijo que Él había venido a este mundo para que usted y yo tuviésemos vida y la disfrutáramos al máximo.

Hace un tiempo, hice una serie de mensajes titulada *El arte perdido de disfrutar la vida*, luego recientemente escribí un libro sobre el tema. Yo creo que realmente nosotros hemos olvidado cómo disfrutar la vida. Necesitamos aprender cómo ser un niño, porque si hay alguna cosa que un niño sabe es cómo disfrutar de todo y con todo. Pero cuando un niño se ve forzado a crecer demasiado rápido y se le prohíbe actuar de acuerdo a su edad, esto resulta a menudo en serios problemas emocionales.

Yo creo que las personas hoy en día forzan a los niños a crecer demasiado rápido. Los padres están tan ansiosos porque sus niños aprendan a leer, a escribir y tengan un despertar temprano en la vida, que no les permiten a ellos ser niños. De algún lado hemos concebido la idea errónea que mientras más llenemos la mente de un niño, más inteligente, más feliz y exitoso será en la escuela y en la vida.

Ahora, ¡no estoy en contra de educar a los niños! Los jovencitos deben ser estimulados a que aprendan rápido y fácilmente y que sobresalgan en sus estudios. Pero no deben ser forzados a tomar responsabilidades más allá de sus edades. Ellos necesitan tener la oportunidad de sólo ser ellos mismos y disfrutar la vida antes de que asuman las fuertes responsabilidades de la edad adulta.

En mi caso propio, yo odiaba la niñez. Yo quería desesperadamente crecer para que nadie más pudiera empujarme o maltratarme. Cualquiera niñez que haya podido tener, ésta fue robada de mí. Lo que obtuve por ella a cambio, en nada me agradó ni la quería. Así que crecí sin saber nada acerca de lo que era ser niño. Mis memorias de niña fueron muy dolorosas para mí.

Eso es lo que hace el abuso: le roba la niñez a la persona. Lo mismo sucede cuando se le encarga al niño con una responsabilidad muy pesada para su edad. Puede ser que haya tenido que cuidar de un pariente enfermo o haya tenido que ocupar el lugar de una madre o un padre en la familia por la pérdida de éste. Puede ser que se haya visto obligado a trabajar fuera de la casa más temprano de lo que debió ser.

Yo comencé a trabajar aproximadamente a la edad de 13 años. Tuve que mentir acerca de mi edad diciendo que tenía 16 años. Lo hice porque tenía que cuidar de mí misma, ganando mi propio dinero y así no tener que pedir nada a nadie. Estaba determinada a que nadie tuviera que darme algo por nada, para no sentirme luego obligada con ninguno.

Era muy trabajadora, y todavía lo soy. La trabajadora natural que hay en mí, más el abuso sufrido, me convirtió en una adicta al trabajo. Me sentía acomodada, feliz y satisfecha solamente cuando estaba trabajando y tratando de alcanzar alguna meta. Pero no sabía cómo disfrutar las cosas.

Si tenía trabajo para hacer, no podía parar hasta que estuviera terminado. Aún no había aprendido que el trabajo realmente nunca se termina. Siempre hay algo que necesita hacerse. Ahora he aprendido a trabajar hasta el tiempo determinado y dejar lo que estoy haciendo para el próximo día.

Si usted y yo no hacemos eso, estamos exponiéndonos a un agotamiento total. Y una vez nos agotamos así, es bien difícil volvernos a recuperar.

El que un niño no se le permita jugar, robará esa niñez de esa persona y el disfrute de la edad adulta. Por alguna razón, me hicieron sentir culpable en aquellas raras ocasiones que yo jugaba durante mi niñez. Siempre tenía ese sentimiento de que no debía hacerlo, sino que debería ser fuerte para el trabajo. Ese sentimiento me hizo daño. Me tomó años volver al punto de no sentirme culpable si estaba pasando un buen rato.

Una noche, pocos años atrás, mi hijo me pidió que dejara de trabajar y viniera y me sentara con él a ver una película que estaban dando en la televisión. Yo quería poner a hacer hojuelas de maíz, abrir un par de refrescos y sentarme a disfrutar la película con mi hijo. Pero tenía tal importuno sentido de culpabilidad que no pude disfrutarlo.

Finalmente, me dije a mí misma, "¿Cuál es mi problema? No hay nada de malo en lo que estoy haciendo. Yo necesito pasar ratos como éste con mis hijos. La película es sana, las hojuelas de maíz son de bajas calorías y el refresco es de dieta. ¿Por qué me siento tan culpable?"

El Señor me dijo, "Joyce, nada de lo que hiciste hoy pensaste que lo harías. Y nada de lo que hiciste hoy, lo hiciste como debiste haberlo hecho. Por esta razón, tú sientes que no mereces disfrutar nada."

Mi problema era llegar a pensar que yo merecía un momento de diversión, disfrute o bendición que llegaba a mi vida. Necesitaba aprender acerca del regalo gratuito de Dios, Su gracia y misericordia.

Todas las cosas buenas que llegan a nosotros en esta vida nos las da el Señor (véase Santiago 1:17). Él quiere dárnoslas a nosotros. Él quiere que disfrutemos la vida a lo máximo, aún cuando no lo merezcamos por completo.

Necesitamos ser liberados de nuestro complejo de culpabilidad, de pensar que tenemos que merecer los regalos que Dios nos da. Pensamos que tenemos que ganarnos todo, pero Dios quiere que sepamos que sólo tenemos que recibirlos y disfrutarlos con gratitud y acción de gracias.

Si no estamos disfrutando la vida como debemos, es debido a que el diablo está tratando de robar nuestro gozo. Una de las maneras que lo consigue es destruyendo el niño que está en cada uno de nosotros.

Satanás busca destruir el niño

*Y el dragón se paró frente a la mujer que estaba
para dar a luz, a fin de devorar a su hijo tan pronto
como naciese. Y ella dio a luz un hijo varón, que regirá
con vara de hierro a todas las naciones; y su hijo fue
arrebatado para Dios y para su trono. Y la mujer huyó
al desierto, donde tiene lugar preparado por Dios, para
que allí la sustenten por mil doscientos sesenta días."*
—Apocalipsis 12:4–6

Cuando comencé a preparar un estudio de las Escrituras
sobre este tema, me di cuenta que Satanás siempre está
buscando destruir al niño. Y Dios siempre está tratando de
proteger al niño.

Este principio no sólo aplica a los niños de nuestro
tiempo y al Niño Dios prometido, sino también al niño
interno en cada uno de nosotros. A menos que tengamos
un niño sano dentro de nosotros, no podremos jugar y disfrutar la vida que Dios desea para nosotros.

Mi esposo es un hombre maravilloso, un admirable
hombre de valor. Y sí, él tiene un niño grande dentro de él.
Él siempre ha podido disfrutar y divertirse de todo lo que
hace. Yo quería comportarme de esa manera. Pero no
estaba dispuesta a desprenderme, olvidar y disfrutar.

Dave siempre ha disfrutado ir al supermercado conmigo.
Casi siempre íbamos cada dos semanas y como teníamos
cierta cantidad de dinero limitada para gastar, tenía que ser
sumamente sabia y cuidadosa en la compra.

Y ahí estaba yo con la lista de compra, los cupones de des-
cuentos, la calculadora, mis tres hijos y mi esposo, sumamente
decidida a conseguir la mejor oferta posible. La verdad era,
que en ese momento de mi vida, yo vivía demasiado preocupada por todo. Pero, mientras yo estaba sumamente
preocupada, muy "adulta" en mi actitud y conducta, Dave era
todo lo contrario. El mostraba todas las características de un
niño. ¡Podía divertirse aún en el supermercado!

Características de un niño

"...y un niño los pastoreará."

—Isaías 11:6

Mientras estudiaba este material, escribí dos o tres páginas de notas sobre las características de un niño. Una de ellas es que el niño se divierte no importa lo que haga.

A pesar de lo que el niño haga, él se las ingenia de alguna forma para pasar un buen rato. Puede ser que él esté castigado y parado en una esquina, que busca la forma de sacar algún juego de ello, como por ejemplo el contar las flores que tiene el papel decorativo de la pared.

Cuando mi hijo era más joven, lo mandé a barrer el patio, por lo que tomó la escoba y salió para afuera. Como no quería realmente hacer el trabajo, se fue rezongando un poco. Pero minutos más tarde miro hacia afuera y lo veo bailando con la escoba. Estaba barriendo muy bien, pero estaba pasando un buen rato mientras lo hacía.

Ahí es donde usted y yo fallamos como adultos. Tenemos toda clase de cosas mundanas que hacer, cosas que no queremos y nos atemorizan y sólo queremos salir de ellas, pero no nos permitimos disfrutarlas.

En esta lista están incluidas nuestras obligaciones religiosas, cosas que pensamos que estamos supuestos a hacer si queremos ser buenos cristianos. Y si las asumimos como obligaciones, éstas vienen a ser tareas y no privilegios.

Dios quiere que aprendamos a disfrutar de todas estas cosas y a disfrutarlo a Él. Él desea que disfrutemos de la oración, del estudio de la Palabra y de ir a la iglesia, al igual que Él desea que disfrutemos de nuestro cónyuge, nuestros hijos, nuestra familia, nuestro hogar y de todo lo que ofrece la vida. Él desea que disfrutemos aún mientras limpiamos la casa, lavamos el carro, podamos la grama y todas las demás cosas que hacemos pensando, "Muchacho, estoy loco que esto termine para hacer algo divertido."

Por mucho tiempo hemos dejado a un lado el disfrutar

de la vida. Dios quiere que disfrutemos todo, aún cuando vamos al supermercado.

Divirtiéndonos

Yo he conocido que no hay para ellos cosa mejor que alegrarse, y hacer bien en su vida; y también que es don de Dios que todo hombre coma y beba, y goce el bien de toda su labor.

—Eclesiastés 3:12, 13

Así que Dave iba conmigo al supermercado para divertirse. Perseguía a los muchachos arriba y abajo por los pasillos con el carro de compras. Mientras tanto, preocupada por las apariencias y la reputación, yo trataba de pararlo.

"¿Podrías dejar de estar haciendo una escena?", decía yo. "Todo el mundo está mirándonos." Entonces él me contestaba, "Si no te tranquilizas, te persigo con el carro también." Y comenzaba a perseguirme, por lo que me ponía más furiosa todavía. Pero aún así, nunca dejaba que yo lo molestara. Sino que pensaba en otra forma de divertirse.

Debido a que es un hombre muy alto, él puede ver por encima de los estantes sin que yo lo vea. Él podía mirarme al otro lado del estante, toda enfrascada con mis cupones, calculadora y carro, y tirar con algo por encima del estante y encestarlo en el carro.

Una vez me puse tan furiosa con él que grité, — "¡Podrías parar ya! ¡Me estás volviendo loca!"

—"Oh, no tienes que gritar, Joyce,"— me dijo. —"Sólo estoy tratando de divertirme."

"Bueno, pues yo no vine aquí a divertirme," contesté honestamente. "Vine a buscar algunos comestibles. Quiero tomarlos del estante, ponerlos en el carro, llevarlos a la caja registradora, cargarlos hasta ponerlos en el auto, llevarlos a casa y colocarlos en la alacena."

Tenía todo mi plan trazado. Pero en el plan no había permitido ninguna diversión.

Vive un poco

"El corazón alegre constituye buen remedio; mas el espíritu triste seca los huesos."
—Proverbios 17:22

¿No sería maravilloso si pudiéramos vivir un poco mientras vamos por la vida haciendo todas las cosas que pensamos estamos supuestos a hacer?

Debido a que mi niñez me fue robada, yo nunca aprendí lo que era vivir como niña. Nunca aprendí a "alegrar" la cosa y "vivir un poco" la vida. Siempre estaba tensa.

Pero, Dave era el tipo de persona que disfrutaba la vida, a pesar de lo que estuviera pasando a su alrededor. Aunque yo nunca tendría la habilidad de ser como él, debido a nuestras diferencias en nuestras personalidades, pude aprender que podía disfrutar más y ser más alegre de lo que había sido hasta ahora.

Como ministro del Evangelio, tengo una gran responsabilidad. Tengo que trabajar duro para lo que he sido llamada a hacer y lo amo. Yo realmente disfruto mi trabajo. Pero si no tengo cuidado, puedo llegar a ponerme muy tensa hasta el agotamiento. Por eso es que tengo que hacer un esfuerzo y aplicar los versículos, como por ejemplo el de Proverbios 17:22 y desarrollar un corazón alegre y una mente placentera.

Si usted y yo no estamos emocionalmente balanceados, nuestras vidas enteras se verán afectadas. Yo creo firmemente que si nosotros no aprendemos a reir más a menudo, nos vamos a ver en serios problemas. Porque, de acuerdo a lo que nos enseña la Biblia, la risa es como medicina. En años recientes han habido muchos artículos escritos donde la medicina confirma ahora que la risa es el instrumento que trae sanidad al cuerpo. La risa es como una caminata interna, en muchos sentidos tan bueno como el ejercicio físico.

Todos necesitamos reir más. Pero algunas veces, tenemos que hacerlo a propósito. Nosotros hemos visto cómo los niños disfrutan la vida, cómo hacen un juego de todo. Otra cosa que ellos hacen es estar con risitas todo el tiempo. Yo he visto eso en mis nietos. A medida que corren y juegan por toda la casa, todo lo acentúan con risitas.

No es que ahora como adultos vamos a ir por ahí con risitas como niños. Porque si lo hacemos, podemos ser despedidos de nuestros trabajos, o peor aún, podemos ser enviados a una institución mental para evaluación.

El punto que quiero traer es que si nos volvemos muy serios, podemos hacernos daño a nosotros mismos como a aquellos con los que tenemos contacto. Necesitamos hacer un balance entre diversión y responsabilidad.

En mi propia vida, yo era tan seria que pensaba que yo no podía o tenía que ver con nada aquello que yo considerara frívolo. Era muy difícil conseguir que yo me riera de algo. Pero para un niño, no se toma mucho tiempo. Para él todo es divertido.

Necesitamos encontrar más humor en nuestras vidas diarias. Y una de las primeras cosas que tenemos que aprender es a reirnos de nosotros mismos. En vez de contrariarnos por nuestros errores humanos y nuestras faltas, necesitamos aprender a reirnos de nuestras debilidades y flaquezas.

No hay nada más gracioso que los seres humanos. Nosotros necesitamos reconocer ese hecho y tratar de ponernos en tono con ese niño juguetón que está dentro de nosotros.

Dios nos dio un niño

"Cuando vieron la estrella, se regocijaron sobremanera con gran alegría. Y entrando en la casa, vieron al niño con su madre María, y postrándose le adoraron; y abriendo su tesoros le presentaron obsequios de oro, incienso y mirra. Y habiendo sido advertidos por Dios en sueños que no volvieran a Herodes, partieron para su tierra por otro camino. Después de haberse marchado ellos, un ángel del Señor se le apareció a José en sueños, diciendo: Levántate, toma al niño y a su madre

y huye a Egipto, y quédate allí hasta que yo te diga;
porque Herodes va a buscar al niño para matarle.
—Mateo 2:10-13 (versión LBLA)

El niño del cual se habla aquí es el Niño Jesús, y esos que llegaron, se postraron y le adoraron, presentándole regalos de oro, incienso y mirra son, por supuesto, los sabios del Oriente.

Les digo esta historia porque quiero señalar el hecho de que cuando Dios nos miró desde el cielo y vió nuestra triste y perdida condición, Su respuesta fue enviarnos a un niño, como leemos en Isaías 9:6: *Porque un niño nos es nacido, hijo nos es dado, y el principado sobre su hombro; y se llamará su nombre Admirable, Consejero, Dios fuerte, Padre eterno, Príncipe de paz.*

El Padre nos envió un niño para liberarnos y de inmediato el rey Herodes planificó destruir ese niño.

De la misma manera, Dios ha dado a cada uno de nosotros un niño interior y el enemigo ha planificado destruir ese niño en nosotros. El diablo anda tras nuestra niñez interior. Él no desea que seamos libres como pequeños niños.

Los niños son libres

Hemos considerado algunas de las características de un niño. Una de estas peculiaridades más importante es que los niños son libres. Ellos no les importa lo que la gente pueda pensar.

Hace un tiempo atrás, observaba yo a una pareja de pequeños durante el servicio en la iglesia. El niño había traído un micrófono de juguete con él. Estaba todo vestido en su traje sastre de domingo y durante la parte de alabanza y adoración, él cantaba con su micrófono, moviéndose con la música como si estuviese participando frente a una gran audiencia. Por otro lado, la madre de la niña obviamente había venido directamente de la clase de baile a la iglesia, porque todavía la niña llevaba puesto su ropa de 'ballet'. Mientras el niño cantaba entusiasmado con su micrófono, ella bailaba alrededor como toda una bailarina.

Ellos estaban disfrutando completamente y no les importaba lo que otros pudieran pensar. Ellos no tenían la edad todavía para estar bajo esa esclavitud del "¡Qué dirán la gente!".

Algunas veces se requiere un gran paso de fe para sobreponernos a nuestras inhibiciones y dar libre expresión a nuestras emociones reprimidas, a pesar de las opiniones de otros. Ahí es cuando necesitamos exhibir y disfrutar la libertad de un niño.

Evitando el fariseismo

Entonces nuestra boca se llenó de risa, y nuestra lengua de gritos de alegría; entonces dijeron entre las naciones: ¡Grandes cosas ha hecho el Señor con nosotros; estamos alegres!
—Salmo 126:2, 3 (versión LBLA)

Estaba observando un programa de entrevistas en la televisión cristiana en donde los participantes hablaban acerca de un avivamiento de risa que está arropando la tierra. Alguien le preguntó al entrevistador del programa si él pensaba que eso era de Dios.

"¿Ofende eso su mente?", preguntó a su vez el entrevistador. "Sí, me ofende", respondió la persona que había traído la pregunta. "Bueno, entonces, probablemente sea Dios", respondió el entrevistador.

Yo no sé si usted lo habrá notado o no, pero Jesús andaba ofendiendo a la gente todo el tiempo. Algunas veces pareciera que lo hacía a propósito.

En Mateo 15:12 leemos, *"Entonces acercándose sus discípulos, le dijeron: ¿Sabes que los fariseos se ofendieron cuando oyeron esta palabra?"*. Y la respuesta de Jesús a ellos fue: *"Dejadlos, son ciegos guías de ciegos; y si el ciego guiare al ciego, ambos caerán en el hoyo"* (v. 14). Jesús sabía exactamente cómo llegar a los auto-justificados fariseos.

Debemos estar en guardia contra el fariseísmo. La verdad

es que la iglesia hoy está llena de fariseos. Yo era una de ellos. De hecho, yo era la jefa de los fariseos. Era inflexible, legalista, aburrida, siempre impresionando a otros, sin nada de humor, criticona, pasaba juicio sobre todo y más y más. Iba camino al cielo, pero sin disfrutar para nada del viaje.

Usted y yo necesitamos salir de nuestras camisas de fuerza. Jesús no vino a este mundo para atarnos sino para hacernos libres. Necesitamos estar libres para expresar nuestra gratitud y alabanza a Él por todas las cosas maravillosas que Él ha hecho, está haciendo y continuará haciendo para nosotros.

Ahora, yo no estoy diciendo con esta declaración que vamos a ir por la vida tratando de actuar de manera ridícula desde que amanece hasta que oscurece. No estoy hablando de cosas misteriosas o fanatismo, estoy hablando de libertad y gozo. Estoy hablando de ser liberados de los grilletes de la religión farisaica para que podamos ser guiados libremente por el Espíritu Santo.

Protege y preserva el niño interior

Y él, despertando, tomó de noche al niño y a su madre, y se fue a Egipto, y estuvo allá hasta la muerte de Herodes; para que se cumpliese lo que dijo el Señor por medio del profeta, cuando dijo: de Egipto llamé a mi Hijo. Herodes entonces, cuando se vio burlado por los magos, se enojó mucho, y mandó matar a todos los niños menores de dos años que había en Belén y en todos sus alrededores, conforme al tiempo que había inquirido de los magos.

—Mateo 18:4, 5

Otra vez vemos ilustrado en esta historia cómo el diablo persigue al niño dentro de cada uno de nosotros para destruirlo.

Por eso es que debemos mantenernos vigilantes para no permitir que él destruya el niño interior que el Señor ha puesto dentro de nosotros, que nos mantiene lejos de ser controlados por nuestra naturaleza farisaica.

Volviendo, recibiendo, aceptando y dando bienvenida al pequeño niño

"Así que, cualquiera que se humille como este niño, ése es el mayor en el reino de los cielos, y cualquiera que reciba en mi nombre a un niño como este, a mí me recibe."
—Mateo 18:4, 5

Usted y yo debemos humillarnos y volver a ser como niños. Nosotros también debemos aprender a recibir, aceptar, y darle bienvenida al niño que está dentro de nosotros. Pero a muchos de nosotros se nos hace muy difícil hacerlo porque estamos esforzándonos fuertemente para convertirnos en espirituales maduros.

En un lugar de la Biblia se nos dice que debemos crecer en Cristo (Efesios 4:15) y, en este pasaje que leímos, Jesús nos dice que seamos como un niño. La verdad es que debemos ser ambos.

El Señor quiere que crezcamos en nuestra actitud, conducta y la aceptación de responsabilidades. Al mismo tiempo el quiere que seamos niños en nuestra dependencia de Él y que podamos expresar libremente nuestros sentimientos a Él.

Un buen ejemplo lo encontramos en Mateo 19:14 en donde leemos lo que sucedió cuando los discípulos de Jesús trataron de mantener a los niños alejados de Él: "...*Jesús dijo: Dejen que los niños vengan a mí, y no se lo impidan, porque el reino de los cielos es de quienes son como ellos*" (NVI).

En otras palabras, "¡Déjenlos!" ¿No les parece que es una declaración maravillosa? Así como Jesús recibió, aceptó y dio la bienvenida a los niños que se acercaban a Él, así nosotros debemos recibir, aceptar y dar la bienvenida al pequeño niño que Dios ha puesto dentro de nosotros.

Los niños necesitan sentirse seguros, protegidos y

amados. Ellos necesitan expresar libres y completamente sus sentimientos y emociones. Nosotros también.

¡Destapa las fuentes!

Respondió Jesús y le dijo: "Cualquiera que bebiere de esta agua, volverá a tener sed; mas el que bebiere del agua que yo le daré, no tendrá sed jamás; sino que el agua que yo le daré será en él una fuente de agua que salte para vida eterna."

—Juan 4:13, 14

En Su conversación con la mujer en el pozo, Jesús dijo que todos aquellos que creyéramos en Él tendríamos, en nuestro interior, una fuente que brotaría agua continuamente. Pero qué si esa fuente se tapa, tenemos entonces un problema. Porque el agua que está dentro de nosotros no puede fluir, se vuelve agua estancada.

Si tu vida está estancada y contaminada, puede ser que tu fuente de agua viva ha sido obstruida con piedras por el enemigo, como lo hicieron en los días del Antiguo Testamento.

En 2 Reyes 3:19 el Señor le dice a los israelitas que estaban siendo atacados por los moabitas: *"Y destruiréis toda ciudad fortificada y toda ciudad principal, y talaréis todo árbol bueno, cegaréis todas las fuentes de agua y dañaréis con piedras todo terreno fértil"* (LBLA).

En aquellos días, el obstruir con piedras las fuentes de agua era una de las armas usadas para derrotar al enemigo. Nuestro enemigo, el diablo, continúa usando esa arma contra nosotros hoy.

Yo creo que usted y yo hemos nacido con una fuente buena y limpia que fluye dentro de nosotros. Cuando niños, esa fuente se mantiene fluyendo libremente. Pero a medida que pasa el tiempo, Satanás viene y comienza a tirar piedras en esa fuente: piedras de abuso, dolor, rechazo, abandono, engaño, amargura, resentimiento, auto-compasión, odio, depresión, desesperanza, y más cosas. Para cuando ya somos adultos, nuestras fuentes están tan llenas de piedras, que el agua se ha estancado y ya no puede fluir libremente en nosotros.

De vez en cuando sentimos un pequeño brote muy adentro. Pero nunca hemos podido experimentar la libertad necesaria para que nuestras fuentes de agua fluyan libremente una vez más.

Es interesante notar que cuando Jesús levanta a su amigo Lázaro de la tumba, Él ordena, "Quiten la piedra" (Juan 11:39). Yo creo que el Espíritu Santo quiere que quitemos las piedras que han estado obstruyendo nuestras fuentes de agua viva.

Cuando los alcohólicos y drogadictos se refieren a embriagarse o endrogarse, ellos hablan de ["estar embollados"]. Con nosotros es exactamente lo contrario. Cuando nos llenamos del Espíritu Santo, nos ["desembollamos"] para que nuestras vidas sean inundadas por esas corrientes de agua viva.

Agua viva

En el último y gran día de la fiesta, Jesús se puso en pie y alzó la voz, diciendo: "Si alguno tiene sed, venga a mí y beba. El que cree en mí, como dice la Escritura, de su interior correrán [continuamente] ríos de agua viva." Esto dijo del Espíritu [Santo] que habían de recibir los que creyesen en El; pues aún no había venido el Espíritu Santo, porque Jesús no había sido aún glorificado.

—Juan 7:37-39

Note que en este pasaje Jesús no dice que aquellos que creen en El, correrán ríos de agua viva de vez en cuando. El dice que esos ríos de agua viva correrán continuamente.

Ese río de agua viva es el Espíritu Santo. Lo que Jesús está expresando aquí es sobre el derramamiento del Espíritu Santo, que hemos (aquellos que han aceptado a Jesús como Señor y Salvador) recibido mediante la Persona y el poder de Espíritu Santo en nosotros.

El río de agua viva fluye dentro de usted y yo. No se supone que se obstruya, sino que brote dentro de nosotros y corra fuera de nosotros. A medida que nosotros vayamos liberando de nuestro interior el poder de esa agua viva, mayor poder recibiremos mediante la plenitud del Espíritu Santo. (Por favor, escriba a nuestro ministerio a la dirección que está en la parte de atrás del libro, para obtener más información acerca de esta experiencia). Lo que tenemos que aprender es a ir con la corriente.

Ir con la corriente

"Ir con la corriente" tiene un doble significado para mí debido a un incidente que me sucedió y que describo con más detalle en otro de mis libros.

Cuando mis hijos eran pequeños, varias veces en la semana, como sucede, alguno de ellos derramaba su vaso de leche en la mesa. Cada vez que sucedía yo volaba de inmediato, enfurecida, a limpiarlo, porque la leche se regaba por toda la mesa, se escurría entremedio de la tabla insertada y corría por las patas de la mesa.

Y un día mientras yo estaba debajo de la mesa, a gatas, con mi arrebato y malhumor, absorbiendo con un paño todo el reguero de leche, el Espíritu Santo me hizo entender que todos los arrebatos del mundo no van a conseguir que la leche vuelva a correr hacia arriba por las patas y regrese al vaso. Debido a que eran niños pequeños, iban a derramar cosas. El Espíritu Santo me enseñó a ir con la corriente.

De esa experiencia aprendí a reirme de las cosas que solían enfurecerme. Cuando las cosas marchan mal en nuestras vidas, Dave y yo hemos aprendido a decir, "No estoy impresionado, Satanás, no me impresionas en nada".

Yo he entendido que si no le permitimos al diablo que nos impresione, tampoco él puede oprimirnos.

Aquí es otro momento donde debemos aprender a usar el arma de la risa contra el enemigo.

La risa de la fe

"El impío trama contra el justo,
y contra él rechina sus dientes.
El Señor se ríe de él,
porque ve que su día se acerca."
—Salmo 37:12, 13 (versión LBLA)

La Biblia enseña que el Señor se sienta en el cielo y se ríe de sus enemigos porque Él sabe que el día de su derrota se acerca. Eso es lo que yo llamo "la risa de la fe".

¿Recuerda la reacción de Abraham en Génesis 17:17 cuando Dios le dijo que su esposa Sara tendría un hijo en su vejez y sería madre de naciones? Él se rió.

Luego en Génesis 18:10-12, cuando Sara oye al Señor recordándole a Abraham otra vez la promesa, ella también se rió. Así que, cuando el niño de la promesa nació, Abraham y Sara hicieron como el Señor les había mandado y lo llamaron Isaac, que significa "risa" (Génesis 17:19).

¿Sabe lo que yo creo que eso quiere decirnos? Creo que dice que si esperamos en las promesas de Dios y aprendemos a ser herederos en vez de trabajadores, terminaremos riéndonos. Estaremos dando a luz a Isaaces, no Ismaeles.

La risa destapa los pozos

Isaac volvió a cavar los pozos de agua que habían
sido cavados en los días de su padre Abraham, porque
los filisteos los habían cegado después de la muerte de
Abraham...
—Génesis 26:18 (versión LBLA)

Una de las cosas que Isaac hizo cuando ya era adulto fue destapar los pozos de su padre Abraham que los enemigos habían tapado. Podemos entender que esto significa que la risa y el gozo en el Espíritu Santo destapan nuestros pozos.

Usted y yo no tenemos que profundizar mucho en este

tema o volvernos muy filosóficos al respecto. Sólo necesitamos volver a ser como niños.

A pesar de nuestra edad, si queremos entrar al Reino de Dios necesitamos ser como niños, de acuerdo a lo que Jesús habló en Lucas 18:17.

El Reino de Dios está disponible para nosotros en el momento que ocurre el nuevo nacimiento. Pero, para nosotros poder entrar y disfrutar por completo de ese Reino, aquí y ahora, debemos ser como niños.

Es interesante notar las veces que los escritores del Nuevo Testamento se refieren a los seguidores de Jesús como "niños".

Por ejemplo, en 1 Juan 4:4 leemos, *"Hijitos míos, vosotros sois de Dios y los habéis vencido, porque mayor es el que está en vosotros que el que está en el mundo"* (LBLA).

Según puedo meditar en este verso y otros como él, pareciera que el Señor quiere enseñarnos a que desarrollemos y mantengamos una mentalidad de niño. En otras palabras, Él quiere que sintamos y actuemos como Sus pequeños hijos. Él quiere que tengamos esa dependencia en Él como niño, creyendo que, como todo buen padre, Él tiene cuidado de nosotros, nos guarda y nos provee. Él quiere que creamos que en Él podemos relajarnos y ser libres.

Si usted ha perdido ese niño interior, entonces este es el momento de rescatar ese niño.

Los niños son sencillos y sin complicaciones

> *El Espíritu mismo da testimonio a nuestro espíritu, de que somos hijos de Dios.*
> —Romanos 8:16

Otra vez se nos dice que somos niños, los hijos de Dios. Si eso es así, necesitamos saber cómo son los niños, para que podamos conducirnos y vivir nuestras vidas diarias. Por eso es que hemos estado hablando, a través de todo este capítulo, de cómo son los niños.

La última de las características de los niños que necesitamos considerar es su sencillez.

Por naturaleza, los niños son sencillos y sin complicaciones. Ellos también son curiosos en un modo sano, pero no se envuelven en razonamientos porque esto les causa demasiada confusión. Ellos hacen un sinnúmero de preguntas, pero no van demasiado a lo profundo, mental y filosóficamente hablando.

Como podemos ver, Juan 10:10 nos dice que Jesús dijo que Él había venido para que tuviéramos vida y para que la tuviéramos en abundancia. Él nos dijo además que el diablo sólo viene para robar, matar y destruir. Una de las cosas a las que Él se refería era al sistema religioso de la época que mantenía a la gente en esclavitud porque no tenía vida, gozo y libertad, sólo reglas, reglamentos y razonamientos.

En Juan 9 cuando Jesús y sus discípulos vieron al hombre ciego de nacimiento, ellos querían saber quién había pecado que había causado su ceguera: el hombre mismo o sus padres (vs. 1, 2). Ese tipo de pregunta es típico de nosotros. Esa es la manera en que somos, tratamos siempre de razonar todo en nuestras propias vidas y en las vidas cercanas a nosotros. Queremos una respuesta para todo.

Entonces cuando Jesús ungió los ojos del ciego, que lo envía a lavarse en el estanque de Siloé, y regresa el hombre viendo, los fariseos lo llamaron y comenzaron a hacerle preguntas. Ellos querían saber quién lo había sanado y cómo lo había hecho (vs. 6-34).

Las manifestaciones y demostraciones espirituales son cosas que los humanos no pueden entender. Nosotros no necesitamos saber cómo Jesús sana para poder ser sanados o ser usados en sanidad de otros. Nosotros podemos hacer como el hombre que fue sanado por Jesús de su ceguera. Podemos decir, con esa sencillez y confianza de niño, "Yo no sé cómo Él lo hizo, una cosa sé: que yo era ciego y ahora veo" (v. 25).

Nosotros siempre queremos irnos teológicamente profundo en todo. Pero cuando empezamos a explicar a Dios, nos metemos en toda clase de problemas. Los niños no tratan de razonar o explicar todo. Ellos sólo aceptan las cosas como son y las disfrutan. No son de doble mente. Ellos se enfocan en lo que quieren y van tras ello sin importarle lo que otros puedan pensar o decir.

Los niños son persistentes. Ellos mantienen sus sueños y expectativas más tiempo que los adultos, porque ellos saben lo que quieren y no tienen miedo de conseguirlo. Como resultado, no se desaniman o se deprimen como lo hacen los adultos.

Los niños no tienen temor a las emociones o de mostrar sus emociones. Lo que sienten por dentro, lo reflejan en sus caras. Si están felices, excitados o entusiasmados, eso se les ve.

En esto, permitamos que los niños sean un ejemplo para nosotros. Si estamos contentos en el Señor, nosotros podemos y debemos mostrarlo al mundo entero siendo un testimonio a ellos.

Sea como un niño. ¡Pare de preocuparse, irritarse, ponerse todo frustrado y malhumorado, tratando de razonar y resolverlo todo! Aprenda a relajarse y tómelo todo a la ligera.

Haga una decisión de disfrutar el resto de su vida. No importa cuál sea su situación o circunstancias, a pesar de sus experiencias pasadas o las que pueda tener en el futuro, determine encontrar una manera de traer un poco de risa y diversión a su vida.

Si quiere estar emocionalmente completo, encuentre y recupere el niño perdido dentro de usted.

Conclusión

En este libro hemos visto cómo debemos controlar nuestras emociones para que podamos gozar de ellas y usarlas de la forma para las cuales Dios las creó. Dios nos dio las emociones para que podamos disfrutar de la vida plena que Él nos quiere dar y para tener compasión al ministrarle a otros.

Hasta que no aprendamos a controlarlas, nuestras emociones pueden ser nuestro peor enemigo porque Satanás intentará usarlas para evitar que caminemos en el poder del Espíritu.

No importa lo que haya ocurrido en su pasado, Dios puede sanarlo para que pueda ver al mundo a través de Sus ojos y gozar de lo que Él le ha dado y le está dando. Las recompensas de controlar sus emociones son muy buenas – aplique lo que ha leído en este libro y aprenda a disfrutar de todo lo que hace

❧

Sobre la autora

Joyce Meyer ha venido enseñando la Palabra de Dios desde 1976 y en ministerio a tiempo completo desde 1980. Como pastora asociada en la iglesia Life Christian Center en St. Louis, Missouri, desarrollaba, coordinaba y enseñaba una reunión semanal conocida como "Vida en la Palabra". Después de más de cinco años, el Señor lo terminó, guiándola a establecer su propio ministerio y llamarlo "Vida en la Palabra, Inc."

La transmisión radial y televisiva de "Vida en la Palabra" de Joyce se transmiten a través del mundo. Sus casetes de enseñanza son disfrutados por muchos a nivel internacional. Viaja extensamente dando conferencias de Vida en la Palabra.

Joyce y su esposo, Dave, administrador de Vida en la Palabra, han estado casados por más de 33 años y tienen cuatro hijos. Los cuatro están casados y tanto ellos como sus cónyuges trabajan junto a Dave y Joyce en el ministerio. Joyce y Dave residen en St. Louis, Missouri.

Joyce cree que el llamado de su vida es establecer creyentes en la Palabra de Dios. Dice: "Jesús murió para liberar a los cautivos, y demasiados cristianos llevan vidas mediocres o derrotadas". Habiéndose encontrado en la misma situación hace muchos años, y habiendo encontrado la liberación para vivir en victoria mediante la aplicación de la Palabra de Dios, Joyce anda equipada para liberar a los cautivos y para cambiar cenizas por belleza. Joyce cree que cada persona que camina en victoria sirve de ejemplo para que otros puedan hacer lo mismo. Joyce lleva una vida transparente y sus enseñanzas son practicas y pueden ser aplicadas a la vida diaria.

Joyce ha enseñado acerca de la sanidad emocional y temas relacionados en reuniones por todo el mundo, ayudando a muchos miles. Ha grabado más de 200 distintos álbumes de audio casetes y es autora de más de 40 libros que ayudan al Cuerpo de Cristo en diversos tópicos.

Su "Paquete de sanidad emocional"* contiene más de 23 horas de enseñanza sobre el tema. Los álbumes incluidos en este paquete son: "Confianza"; "Belleza por Cenizas"; "Controlando sus emociones"; "Amargura, resentimiento y falta de perdón"; "Raíz de rechazo"; y una cinta de 90 minutos con Escritura y música, titulada "Sanando a los acongojados". El "Paquete mental"* de Joyce tiene cinco diferentes series de audiocasetes sobre el tema de la mente.

*Disponibles en inglés.

Para localizar a la autora:

Joyce Meyer Ministries
P.O. Box 655
Fenton, Missouri 63026
(636) 349-0303

Por favor, cuando escriba, incluya su testimonio
o ayuda recibida como resultado de leer este libro.
Su solicitud de oración es bienvenida.